JN418062

이제홍 두 번째 글모음

세월과 사랑-8015

앞바다에서 Key West까지

恒
靑
林

李 濟 烘 作詩

[추천글]

팬이 본 청림의 시와 사랑

__ 이승영 명예교수(동국대학교)

시월의 멋진 나날을 안식년으로 가족과 함께 미국에서 보내고 있는 청림으로부터 9월 27일(추석 한가위) 오전 11시가 조금 넘어 문자가 왔다. 아마도 그곳 시간으로는 이곳에서 어제였던 오늘을 마감하며 정리하는 늦은 밤일 것이다. 청림이 미국으로 떠나기 전에 날 잡아 저녁이나 같이 하자고 벼르다가 막상 떠날 때는 전화로만 인사를 나누었다. 그런데 벌써 1년이 가까워 오며 귀국 준비에 다시 바쁜 모양이다. 그런 중에도 그동안 습작한 시들을 정리하여 시집 발간을 준비하고 있다며 추천사를 부탁한단다.

바로 답신을 했다. "그러세. 부족하지만 기쁜 마음으로 해볼게." 시집 방향과 주제 등에 대해 의논하자고 덧붙였지만, 사실 나는 시에 대한 안목이 부족한 사람으로 추천사를 쓸 위치에 있지 못하다. 하지만 나는 평소 그의 시가 활자화되어 많은 사람으로부터 애송되기를 바래왔던 청림의 오랜 팬으로 마음으로부터의 격려를 보내고 힘을 보태고 싶어 용기를 내었다. 청림과 같이 한 세월이 4반세기 25년이 넘는다. 그의 시를 이해하는 데 도움이 될 수 있을지도 모르기에 내가 오랜 세월 가까이서 지켜본 그의 성품과 일상의 단면을 소개하고자 한다.

내 카톡에는 그가 바쁜 가운데 종종 보내준 시와 사진이 많이 있다. 지난 추석 한가위에는 미국의 달 '슈퍼 문'을 담아 보내주었고, 텍사스의 기온이 40도를 웃도는 7월에는 헤밍웨이가 살았고 노인과 바다의 배경이 되었던 플로리다 키웨스트 섬을 방문했다며 '노인과 바다' 시 한 편을 써 보내기도 했다. 이른 봄에는 미국 어느 시골 카페에서 썼다는 '여인서정'이라는 시로 미국에 자리가 잡힘을 알리고, 5월에는 '중년 여인'이라는 시와 함께 "멀리 계시니 더 생각이 난다"며 스승의 날 인사를 잊지 않아 나를 감동시키기도 했다.

청림이 "나는 휴대폰으로 날마다 지인들을 찾아 나선다. 스마트폰 메시지나 카톡으로 글을 보낸다. 그들은 나의 시를 피할 수 없는 강요(?)에 의해 읽게 된다"라고 프롤로그에서 밝히고 있다. 하지만 내 입장에서 보면 그의 카톡은 한낮의 단비 같은 청량제가 되고, 이미 나의 기다림이 되었다. 앞에서 잠간 엿보았지만 청림의 카톡은 현재 그가 살고 있는 텍사스와 오클라호마의 Turner Falls Park에서부터 뉴욕, 보스톤, 워싱턴 D.C., 캐나다 나이아가라폭포 등으로 이어진다. 그는 발 닿는 곳마다 마음이 있는 곳마다 차창을 스쳐 지나치는 정경을 내면의 렌즈로 스냅사진처럼 부지런히 담아내는 사람이다.

청림은 또한 "나는 휴대폰 베스트 작가가 되었다"고 했는데, 이는 누가 부여한 것인지 모르겠지만 내 입장에서는 역시 동의할 수 없다. 왜냐하면 그는 '휴대폰 시의 창시자'라고 해야 할 것 같아서이다. 그를 '스마트 시인'이라고 부르면 어떨까 싶다. 청림은 광주에서 근무하며, 주말이면 가족이 있는 서울로 상경하기 위해 일주일에 한 번은 KTX를 타야 했다. 그때마다 카톡에 시상을 활자화해 가까운 지인들에게 선사해 주었다. 제한된 액정 화면에 그는 따뜻한 마음의 렌즈로 시상을 간결하고도 짧게 담아 보냈다. 요즘은 카톡에 읽을거리가 넘쳐나 식상하고 공해수준이 되어가지만, 청림의 글은 언제나 자기만의 것으로 신선하고 읽기에 부담이 없어 고정 독자가 많다. 그래서 많은 지인들이 이구동성으로 그것들을 한군데 모아 출판하면 좋겠다고 염원해 온 것이 카톡의 역사만큼이나 오래되었다. 이번 시집이 팬들의 기대에 조금은 부응했다 싶지만 아직 시작일 뿐이어 더욱 기대가 크다.

그의 시 '무궁화 열차'를 잠간 보자. "*그날,/ 그 옛날,/ 행복한 날!/ 산과 강을 이어가며/ 기억 속에서 계란 하나 꺼내든다/ 세월 흘러 십수년/ 아직 존재하는 풍경화/ 그립다/ 스쳐가는 불빛에/ 입맞춤 모습을/ 새 화폭에 담는다/ 긴 여행/ 옆 좌석에 앉은/ 젊은 청년에게/ 지난 이야기를 남긴다*"(2011.10.6). 청림이 달리는 열차의 행로는 내 눈에는 도저히 보이지 않는 신선놀음으로 다가온다. 과거와 현재와 미래를 넘나들며 영혼의 렌즈로 담은 수채화이기에 세파에 그을린 내 마음마저 그림의 일부로 녹아드는 것 같다. 그는 스피드시대 KTX에 몸을 싣고도 그의 정신은 여전히 무궁화 열차에 실려 있어 아늑하다. 모든 것이 너무 빠르게 움직여 어지러워하는 21세기 우리들에게 청림은 아날로그적 시어로 잠깐이나마 균형감각을 찾아준다.

청림은 "*나는 시를 모른다. 기계적으로 학습되지도 않았다. 문학의 조류가 뭔지, 문학사상이 뭔지 모른다. 그때그때 감정에 따라 찰나의 어설픈 손놀림으로 메모지에 스치고 지나갈 뿐이다*"라고 고백하고 있다. 사실 청림의 '시 놀음'은 너무나 쉬워 보인다. 그냥 스마트폰으로 사진을 찍듯 셔터만 누르면 되는 것 같아서이다. 하지만 사진을 보는 사람, 시를 읽는 사람의 입장에서는 그렇게 보일지 몰라도 작가나 시인의 입장에서 보면 얼마나 오랜 내공과 많은 인고의 시간의 결정체일 것이다. 거의 20년 전 청림이 학위 과정에 있을 때에 내가 목격했던 그의 시작 노트는 시집 20권은 될 분량의 시를 담고 있었다.

청림의 시작행태는 평론가의 전문적인 평전에서 평가되고 소개될 것이지만, 내게 비치는 청림의 시는 '청림적 작법'이라고 명명해도 좋을 것 같다. 사실 그는 어느 명망 있는 시인의 사서를 받지도 않았으며, 이름값을 하는 작품들을 모방하지도 않았다. 흔히 영재들이 사서를 잘못 받아 자신만의 개성을 잃는 경우를 많이 보아왔다. 그런 면에서 청림은 의도적이었는지 아닌지는 모르지만 참으로 다행이다. 그만의 색깔과 스타일을 유지하고 있으니 말이다. 어떤 면에서 그의 시는 좀 무디고 덜 다듬어진 듯 촌티가 나 독자를 의식하지 않은 듯도 하다. 그러나 그러한 화장기 모르는 그의 순수와 담백함이 그가 일관되게 살아온 삶의 소중한 내면이자 귀한 가치로 보인다.

청림의 걸어온 인생은 '발자국'에 잘 나타나 있는 것 같다. "*어제 신은 신발/ 오늘도 닮았네!/ 오늘 신은 신발/ 내일도 닮겠지!/ 어제 내 발자국/ 오늘도 닮았네!/ 오늘 내 발자국/ 내일도 닮겠지!/ 그래서 사랑하겠지?/ 그래서 이별하지 못하겠지?*"(2015. 6.17). 그는 살아오면서 발자국을 멈출 때에 '커피'를 마셨을 것이다. 커피에 서정성을 담아 조용한 담벼락 찻집에 앉아서 노래부르는 심정으로 커피를 이야기하고 있다. 그러나 분명한 건 그는 혼자서도 아니고, 여럿이서도 아니고 여럿이면서 혼자인 채로 향기와 동행하며 마셨을 것이다.

"*커피는 향기지/ 맛은 아니다/ 서두르지 마라/ 음미하는 시간에/ 시 한편으로/ 스며들게 해라/ 내 것이 아니고/ 네 것도 아니다/ 형식적 분위기에/ 차림격식 또한 아니다... (중략)/ 커피는 맛이 아니고/ 동행하는 향기이다*"(2015.4.15).

청림은 누가 뭐라고 해도 딸 바보이다. 지윤과 소윤 두 딸의 곱빼기 바보랄까. 지극히 가정적이다. 물론 아내 안현숙 여사가 100% 동의하리라고 장담은 못 하겠지만 가까운 지인이나 친구들이 보기에는 꽤나 모범적인 우리 시대의 자상한 가장이다. '개똥이 아버지'에 잘 나타나 있다.

"*아버지!/ 어디에 계시나요/ 우리가 부르면/ 닿을 듯이 있는/ 개똥이 아버지!/ 어디에 계시나요./ 우리 아버지는 개똥이 아버지*

였다/ 어느새/ 나도 개똥이 아버지가 되었다...(중략)/ 개똥이 아버지 소주잔이 비어있다/ 그래도/ 집에 들어가며/ 붕어빵을 손에 들고 간다/ 내 아버지입니다/ 내 자화상입니다"(2008.8.10).

청림은 이 시대의 가장 아름다운 것이 무엇인지를 누구보다도 잘 아는 사람이다. 그의 절대적 가치 '사랑'이 삶에 녹아나고, 다시 한 편의 시로 피어나는 것이다. 등단 후 청림은 첫 시집으로「아이들 웃음소리 사랑」을 펴냈다. 그리고 이번에는 진도 앞 바다의 슬픔에서 닻을 올리고 키웨스트의 욕망으로 항해하는 '세월'의 배를 타고, 세상에서 가장 예쁜 꽃을 얻기 위해 손에 쥐고 있는 꽃을 잊고 사는 것인가! 아파한다. 아픔이 낳은 꽃, 두 번째 시집「세월과 사랑」을 팬들에게 상재하였다. 배는 바다로 나가야, 항구를 떠나야 항구를 볼 수 있다. 안식년이라는 이름으로 고향을 떠난 청림은 과연 그의 마음의 고향이자 영원한 안식처인 '사랑'을 제대로 보았을지 궁금해진다.

청림은 누가 뭐래도 애늙은이다. 나이는 생각은 행동은 아직 젊지만, 마음은 이미 성숙을 넘어 완숙의 경지에 가까워 간다. 그러나 그는 말하고 있다. "장년에서 노년은 이십대 청춘과 무엇이 다르랴. 새로운 청춘으로 진입하기 때문입니다"라고. "청춘, 사랑이여! 원 없이 무너지고, 부서지고, 넘어지고..., 반복되어진 실패가 쌓여 세상 한복판에서 화려하고 황홀한 긴 입맞춤을 기다려봅시다"(2014.4.6). 청림의 동심과 청림의 청춘과 청림의 노년이 부딪치고 화해하며 아름다운 이 가을 순정의 코스모스길 사랑으로 다시 피어남을 느낀다.

나는 청림의 일차적 카톡으로 날아오는 시상에서, 또 스마트 시인 청림의 손끝에서 생성되는 신선한 언어의 늘 푸른 숲에서, 많은 사람들이 사랑의 향기를 느끼기를 소망한다. 그의 약간은 촌티나고 소박한 시어가 남을 생각하는 사랑, 향기를 더하는 사랑임을 늘 느끼게 해 주기 때문이다. 앞으로도 카톡으로 날아들 그의 시어가, "시란 기쁨에서 시작하여 지혜로 끝난다"는 미국 국민시인 로버트 프로스트의 말처럼 많은 청림의 팬에게 기쁨과 지혜 그리고 사랑의 향기를 전하길 기대한다.

2015년 10월
시월의 어느 멋진 날에

이제홍! 나는 그의 세계가 그립다

__ 김정식 교수(조선대학교 경제학과, 전 학장)

나는 시인 이제홍이 한없이 그립다. "시를 벗으로…꽃과 나비의 영혼을 찾아 헤매는" 그가 부럽다. 우리의 남녘 진도에서 아메리카의 남단 끝 키웨스트까지 하염없이 출렁이는 망망대해를 향해 "지금! 이대로가 좋다. 참! 좋다. 하며 또 바다를 본다"는 그의 푸른 바다가 그립다. "세상에 세상에나 돌 틈에 낀 돌미역도 어찌할 줄 모른다"는 세월호의 아픔을 가슴에 품은 체 아픈 내 조국 한국의 현실을 끝내 버리지 못하는 질긴 그의 연민이 그립다. 그리고 또 그를 그리워할 수밖에 없는 그 내가 나 또한 자랑스럽다.

이제홍 시인과 나는 태생적 동질성을 가지고 있다. 이제홍 시인처럼 나도 고향이 바닷가다. 그는 진도아리랑이 넘실대는 바다의 고장 전라도 진도 출신이고, 나는 한국 현대소설의 거장 고(故) 이청준 선생이 고이 누워 바라보는 푸른 바다가 있는 전라도 장흥 회진 출신이다. 그래서 그의 유년과 나의 유년은 끝없는 푸른 바다로 맞닿아 있다.

그가 보내온 시를 속에서 내 그 추천의 글 요청을 운명적으로 거역할 수 없음을 직감했다. 바다가 아직도 내 가슴에도 물결치니 나는 그의 시를 누구보다 사랑할 수밖에 없다. 나는 이제홍 시인의 많은 시 속에서 이제홍의 가슴에 벅차도록 출렁이는 바다의 물결 소리를 듣는다. “멀리서 멀리서 보았건만 맴도는 소용돌이는 그 자리이다”라는 아름다운 미적 표현과 깊이를 가늠할 수 없는 사실적 인생의 연민이 키웨스트에서 허허로움을 낚는 어찌 헤밍웨이의 꿈 뿐이겠는가?

이제홍! 그는 두 번째 시집을 출간하는 공인된 시인이고, 나는 그의 시를 애독하고 사랑하는 문단 밖의 영원한 문학 소년이다. 그가 시집을 낼 때마다 나에게 귀중한 지면을 할애하는 이유는 같은 대학에 함께 재직하는 동료교수라는 세속적 인연만은 아닐 것이다. 그의 순결한 영혼의 세계로 외로운 나를 초대해 준 그가 고맙다. 그의 시에는 철썩이는 바다가 있고, 어린 노란나비의 작은 날개 짓이 있고, 나는 태평양을 가로질러 불어오는 그 바람 앞에 기도하는 마음으로 선다. 2015년을 결코 잊지 않으리! 이 가을 나는 시의 바다에 흠뻑 빠졌다. 메일에 적어 온 이제홍 시인의 시작(詩作)을 읽으며, 나는 바다를 바라보고 서 있는 그의 모습이 그립다. 그 바다를 온 가슴에 안고 쓰나미처럼 돌아올 이제홍! 나는 가슴을 열어 그를 기다린다. 그의 제2 시집이 몹시 기다려진다.

2015년 10월

조선대학교 필문대로 연구실에서

[Prologue-자서]

나의 시! 나의 삶!

나는 휴대폰으로 날마다 지인들을 찾아 나선다. 스마트폰 메시지나 카톡으로 글을 보낸다. 그들은 나의 詩를 피할 수 없는 강요(?)에 의해 읽게 된다. 나는 휴대폰 베스트 작가가 되었다.

나는 오늘도 글을 쓴다. 전공 관련 글도 쓰고, 詩도 쓰고, 잡 글도 쓰기도 하고, 남의 글을 베껴두기도 한다. 어쨌든 나는 날마다 글을 쓴다. 초자연 속에서 내 영혼과 육신을 포장하기도 하고, 도시 환락가에서 불빛을 탐닉하며 신경을 자극하는 춤을 추며, 양면 일치성을 즐기는 글도 쓴다.

내가 태어난 곳은 남쪽 섬이다. 과거와 현재의 전통이 있고, 쏟아질듯한 별들이 있고, 고요한 듯 하면서 성난 파도가 있고, 높지 않은 산 능선을 따라 들이 있고, 들길 따라 흐르는 시냇물도 있다. 산에는 산 새가 있고, 바다에는 바다 새가 있다. 산과 들에는 야생화가 있고, 바다에는 해초가 있다. 이 세상에 없는 것이 없다.

또한 슬픈 바다이기도 하다. 국민의 눈물을 한곳으로 모아 통한의 호수를 만든 곳이기도 하며, 한국의 현실에 눈물을 흘린 세월호의 노란 리본이 있는 진도 팽목항! 그곳이 나의 고향이다.

〈팽목 세월〉

깃대하나 꽂고
물 깊은 흔들림에
심장 떠나가고
부표놓고 세상 뒤로 멀어지는
돛단배 울음소리에
하늘이 정해놓은
길목에서
멈춰서 있다.
아! 슬픔이다
…
…(중략)
…
물살은 위로라도 하듯
그 자리 앞에 두고
돌고, 돌고
부모 마음 미친 듯
돌다 도니
저 먼 첩첩산중
할머니 젖가슴까지
울린다.
…
…(후략)

또한 성인이 된 15여 년의 대학 강사생활은 투박하고 거친 나그네였고, 자연인이었다. 육신의 고난과 정신의 갈증 속에서 움켜쥘 수 있었던 것은 펜과 메모장이었다. 배고픔의 탈출구였으며, 욕구의 해방구였다. 그러나 아직도 글 쓰는 데 선무당이다.

〈내 詩〉

혼자일 때 벗이요
먼 여행길에는 말동무다
어느 날엔가 나에게 다가와 동거하게 되었다.
날마다 함께하며 내 영혼 사상의 징검다리가 되었다.
어떤 때는 하얗게
어떤 때는 파랗게
어떤 때는 빨갛게
어떤 때는 까맣게 다가오기도 했다.
사람이 많이 모이는 곳에서는
각기 다른 모습으로 어울리며 춤춘다.
어떤 사람은 배고파 절규하는 춤을 추며
어떤 이는 고향을 그리워하는 춤을 추고
어떤 남자는 세상 짓누르는 악마와 투쟁하는 춤을 추고
어떤 여자는 봄날 그리워하는 사랑 노래를
어떤 분은 하늘, 바다, 구름, 바람, 해와 달, 별
그리고 꽃과 나비를 영혼에 담고 있다.
여러 사람들은 서로 다른 모습을 그려내며

세상 사람들 속으로 들어간다.
나도 밤에는
어떤 춤을 추며 그에게 다가갈까 궁리한다.

〈시 문학〉

나는 詩를 모른다. 기계적으로 학습되지도 않았다. 문학의 조류가 뭔지, 문학사상이 뭔지 모른다. 그때 그때 감정에 따라 찰나의 어설픈 손놀림으로 메모지에 스치고 지나갈 뿐이다. 그래서 우리 시대의 개똥이 아버지를 바라보기도 하고, 말똥구리와 함께 구르기도 하고, 똥배아저씨처럼 뒤뚱거리며 서투르게 걷기도 한다. 그래도 소망이 있다면, 나의 시로 인해 다른 사람들의 영혼을 달랠 수 있으면 좋겠다. 자연 서정이든, 심미주의든, 탐닉주의든, 욕망의 젖가슴을 쓰다듬든 기억에 남아 되새기는 글이면 좋겠다. 느림의 미학과 청춘의 사랑을 삶의 노래로서 남기고 싶다(2008).

〈소멸〉

오솔길이 없어진지
오래되었다.
빠르게 질주하는
길 위에서 위태롭다.
사람들은 날마다
심장 끝을 붙잡고
오늘을 기억하려 한다.

〈세월과 사랑!〉

우리가 가진 것 중에서 가장 소중한 것이 무엇일까? 세월의 배를 타고 가며, 저 멀리보이는 섬 조각처럼 점점 더 작아지는 이별인가! 세상에서 가장 예쁜 꽃을 얻기 위해 손에 쥐고 있는 꽃을 잊고 사는 것인가! 우리에게 주어진 가장 화려한 시간을 원망하며, 지루하게, 무의미하게 지내고 있는 것인가!

청춘이 지나간 자리는 뜨겁게 타는 거리였고, 삶의 도전이 가장 처절했던 곳이고, 묘사할 수 없을 만큼 아름다웠던 터전으로 지나간 사람들에게 가장 아쉬운 웅덩이가 된 곳이다. 때론 좌절할 수 있어야 하고, 마음을 다칠 수 있는 사랑이 있어야 하고, 거칠지만 정면으로 부딪쳐야 하는 시절이어야 한다.

이십대 청춘은 무료함이요, 무계획적이요, 목표 없는 생활이요. 알 수 없는 내일의 불안감인가! 아니면 도전과 사랑, 경험과 우정으로 역어진 내일 이정표인가! 이십대에 세상 삼킬 듯한 기세로 거친 풍랑까지 견디며 고독한 노정을 가는 젊은이, 세상 태어나 가장 뜨겁게 불태우며, 가장 처절한 사랑을 한 청춘 사랑, 화려하고 멋진 생활의 미래를 꿈꾸며 슬픈 눈물과 가난의 배고픔을 겪으며 진달래 향기로 배 채우는 게 청춘이다.

삼십대 청춘은 아쉬움이 묻어 커피 잔에 남아 있는 식은 커피인가! 아쉬움과 열정이 상존하며 반복되는 일상의 윤회에 따라 자동 반복적인 바쁜 생활을 할뿐인가! 가장 많은 준비와 가장 많은 지식과 경험을 저장하기 위한 큰 창고를 짓을 때인가! 아직도 미래를 위해 투자할 때인가! 이상과 현실이 상존하며 정신없이 달리다가도 어느 순간에서는 뒤돌아보고 싶은 시기이기도 하다.

사십대 청춘은 사랑의 소중함을 자연스레 알게 한다. 가끔은 하늘 구름 흘러감을 보기도 하고, 떨어지는 가을 낙엽을 바라보기도 한다. 마음과 몸이 엇갈리기 시작하여 가끔은 하나 둘씩 놓치기도 한다. 추억을 회상할 뿐 또 다른 사랑을 경험하기에는 늦었다고 생각하기도 한다. 사랑하는 방식을 바꾸기도 하는 시기이기도 하다. 가장 풍성한 일과 열정과 사랑 모두 품는 시기이기도 하다.

오십대 청춘은 세상 이치를 알고 화려한 부상을 꿈꾸는 시기이기도 하다. 이십대, 삼십대, 사십대 과정에서 살아온 방식의 결과를 얻는 종합선물세트 시기이기도 하다. 사람에 따라 무대 뒤로 초라하게 사라지기도 하고, 무대 앞으로 화려하게 등장하기도 한다. 세월 앞에 무릎을 꿇기도 하고, 아직도 미래의 끝을 붙잡고 욕망의 열정으로 세상에 도전하기도 한다. 그러나 겸손해지며, 내려놓고, 버리는 연습도 한다. 간혹 청춘사랑을 잊지 못해 그리워하며, 이별하기도 하고 또 만나기를 반복하며 어리석은 생각에 섣부른 행동을 하기도 한다.

이십대 꿈과 열정을 오십대에 태우고 가려는 열망이 너무 강해 쓰러지기도 한다. 이십대에 놓쳐버린 사고를 애써 오십대에 덮어씌워 부담주려는 추함을 노출시켜 세상을 현혹하기도 한다. 세월 흘러 오십대 되어서 어리석게도 또 청춘의 시대를 맞이하려 한다.

육십대 청춘은 사주팔자가 한 바퀴 돌아 육십갑자가 되니 새로운 시작의 사랑인데, 어찌 그리 아쉬움이 많은 사랑인가. 미래의 미지 개척을 후대에게 많은 것을 남겨줄 시기지만, 몸은 이미 소파귀퉁이에게 자리 잡고 일어나지 못하고 미래를 눈으로만 바라보고 있다. 육십대는 사랑을 하고자 하나 반응이 없고, 슬프게 위로만 받는다, 조금의 빈틈에 흔적을 지워주기 바라며, 노신사의 역할을 원한다. 모든 것을 놓고, 비우고자 하나, 아직도 비워져버린 공간을 더 채우려 욕심의 끝자락에 연연하고 있다. 지식의 풍부함도 없고, 재산의 여유도 없고, 죽음을 동반한 친구도 없고, 멀어져가는 세상의 이치에 부딪칠 때 녹슬어 가는 철로의 슬픈 달리기만 보일 뿐이다. 여유롭고, 자유스러운 영혼이 육신의 머뭇거림에 시간을 기약없이 보내고만 있다. 육십의 고집, 분함, 억울함을 여유로 만끽할 수 있는 사람이 몇이랴! 헌들 이십대의 단 5퍼센트만이라도 느끼고 행동할 수만 있다면, 아름다운 육십대 청춘사랑할 수 있으리라.

언제나 꿈꾸는 청춘 사랑, 지금도 못하랴! 하지만 바라만보다가, 생각만하다가, 이십대, 삼십대, 사십대, 오십대의 아쉬운 사랑을 기억만 하고 있다. 육십대의 사랑이여! 다시 시작하는 사랑이여! 침묵해야 하는 사랑이여!

칠십대 사랑은 차라리 자유롭다. 욕심도, 번뇌도, 분함도 다 부질없음을 지난 세월을 셈할 수 없을 만큼 갈다는 것을 이제야 아는구나. 칠십에 청춘으로 회귀는 참자유로의 회귀가 두려움 없기 때문이로고! 하늘과 공동의 의식을 공유하기 때문이다. 이십대 청춘과 무엇이 다르랴. 인생에서 주는 모험과 모험의 극복절정에 이르러 새로운 청춘으로 진입하기 때문이다.

청춘 사랑이여! 원없이 무너지고, 부서지고, 넘어지고 반복되어진 실패가 쌓여 세상 한복판에서 화려하고 황홀한 긴 입맞춤을 기다려봅시다(청춘: 2014.4.6).

여기에 담긴 내용은 세상의 고난과 사랑으로 점철된 1980년대 고민, 방황에서부터 2015년 연구교수로 미국 TEXAS UNT 생활에 이르기까지 그리고 내가 태어난 진도 앞바다에서 헤밍웨이가 살았던 플로리다 키웨스트(Key west)까지 모든 사랑이야기, 삶의 진실과 고민을 나누며, 내 고향 앞바다에서 대한민국의 근본이 무너져 내린 세월호의 현실을 바라볼 수밖에 없는 나약한 존재의 의미를 어떻게라도 위로받고 싶은 심정으로 글들을 모았다.

가장 소망하는 것은 나의 글을 한 사람이라도 읽고 기억해주었으면 좋겠다는 생각입니다. 저의 학문적 · 정신적 스승이신 동국대학교 전창원, 이승영 명예교수님, 시를 무척이나 좋아하시는 김정식 전임 경상대학장님, 항상 형님처럼 대해주신 무역학과 이성민 · 이정호 명예교수님, 박노경 · 전의천 교수님, 저의 시에 관심을 가져주신 경영학부 김규영, 김승용 그리고 이청호 교수님, 가톨릭 교수회 회장님이신 중국어문화학과 조희무 교수님, 저의 학문적 형님이신 호원대 박문서, 인천대 박종돈 · 중부대 유호종 · 이찬도 교수님께 감사드립니다. 그리고 조선대학교 경상대학 모든 교수님, 다 언급할 수 없지만 여러 친구들과 저와 친분관계에 있는 전국의 무역, 경영, 경제 전공 관련 모든 교수님께 감사드립니다.

또한 문학적으로 많은 도움을 주신 해동문학 정광수 회장님과 시인으로 손잡아 이끌어 주신 이성애 선생님께 감사의 말씀을 전합니다. 그리고 강원도의 청정지역에서 펜으로 세상을 보며, 사회정의를 실현시켜 나가는 친구 황형주 강원일보 국장님에게도 감사의 말씀을 전합니다. 마지막으로 저를 UNT에서 1년 동안 연구하고, 좋은 경험을 할 수 있도록 도움을 주신 고창은 · 김단종 교수님께 지면을 빌어 감사의 말씀을 드립니다.

그리고 항상 사랑의 분신으로 옆에서 글을 쓰고 있는 두 딸 이지윤, 이소윤이가 가장 먼저 읽어보고 나팔 손하고 여기 저기 자랑할 것입니다. 여기에 두 딸이 쓴 글 몇 편을 그들이 훗날 추억이 되고, 기억에 남도록 지면을 할애하였습니다. 또한, 사랑하는 아내 안현숙 씨도 이 시를 쓰는 데 한 몫 한 분이기에 잘 읽어볼 것입니다. 감사하고 사랑할 뿐입니다.

December 31, 2015

아직도 세상을 어떻게 살아가야 하는지 모르고 사는

이제홍 드림

차례

앞 바다

앉아
바다를 보니,
굽어 누운 길 오르며
뒤돌아보니,
멍하니
문득 고개 드니,
포말 속 깨어나는
태양을 보니,
거미내리고
이슬에 걸린
석양빛을 보니,
심장고요에
천년 격정이 침잠하노라

일상의 귀퉁이를
맡겨놓고
저기 먼 돛단배 보니
평온은 해초에 닿아
심해 깊은 곳까지
햇살로 점령한
어부의 낮잠이 부럽구나

어느새, 파도는
바다 끝 바위에 흘러
숨겨놓은 이야기를 꺼내
소리 새들 날개 짓에 싣고
한밤에 침묵으로
소식을 전한다

지금! 이대로가
좋다, 참! 좋다.
마음이
편하다, 참! 편하다
하며 또 바다를 본다

지금, 세월로 다져진
햇살 눈부신 바다와
천년 소나무와 겹쳐
늙어가는 나와 마주한다.

(July1,2015)

팽목세월

깃대하나 꽂고
물 깊은 흔들림에
심장 떠나가고
부표 놓고 세상 뒤로 멀어지는
돛단배 울음소리에
하늘이 정해놓은
길목에 멈춰서 있다
아! 슬픔이다

어릴적 발자국 찾아
가끔 추억 속 사진첩 꺼내 들고
미소풍경 누리는 곳에서
노란 물결이
끝임 없이
검은 눈물을 쏟고
한번쯤 가다가 오다가
새로운 길을
확인할 뿐
잊혀질까 두려워
물 한가운데
빨갛게 '세월'이라 새긴다

물살도 위로하듯
슬픈 자리 앞에 두고
돌고, 돌고
부모 마음 미친 듯
돌다 도니
저 먼 첩첩산중
할머니 젖가슴까지
울린다

아! 슬프다
내가 해야 할 일 없어
더욱 슬프다.

(2014.7.12)

세상에나, 세상에나-세월호

산소없는 공간은
물욕으로 썩고
창틀에 붙은 손짓은
텃새에 갇히고
상서로운
국화장식으로
한 시절을 달랜다

어머니는 사진 보며,
통곡으로 쓰러지며
도시 파도에 휩쓸려
상처가 나고
돌 틈에 끼인 돌 미역도
어찌할 줄 모른다

미안하다고, 차마
하지 못해
세월에 묻히고 만
유리창 눈빛에
자투리 불빛이라도 주자.

(2014.10.2)

삶

흑색 어둠이
거리 난봉꾼자 되어
시간을 점령할 때
아! 우리는
갈피를 잡지 못한다

먹고 사는 인내가
비참해지니 젊은이 쉬이
생을 거두려 한다

하루 쳇바퀴 서러워
걸음 멈추고 서서
어묵국물에 소주 한잔과
명멸하는 별들과
어려운 길을 놓는다

허전한 호수에
무수한 돌맹이 파문이
점령군되어
길목에 자리 잡고 명령한다
사람들 '힘들다, 죽겠다' 한다

여기 사람들, 저기 사람들
키를 잃고 표류하는
배처럼
슬픈 등대만 기다린다
어렵다, 무섭다, 그리고
날마다 거칠게
다가온다.

(2014.2.20)

순이야

순이야!
그렇게
불러보고 싶은 순이야!
샛길에서 흩어져
눈앞 아스팔트길만 따라가다
길 잃고
책가방 잃고,
고향 오솔길 잃고
심장은 거칠어져만 갔다

순이야!
불러보고 싶은 순이야!
너는 어느 순간
방황 하다가
촛대 불빛 따라 가다가
거친 노을 붙들고
쓰러져 울었겠지
그런들 무슨 상관이랴
솟구치는 빌딩 속에
불러보고 싶어도 이제는
순이도 없고, 철수도 없는데

단지,
오늘 기억은
밤 불빛에 슬픈 홍등만
홀로 남아 흔들릴 뿐이다

순이야!
우리 길 찾아
껍데기 훌훌 벗어
나무랄 데 없는
육신으로
서로 서로 조각하자.

(2014.2.14)

'세월'의 외침

나팔꽃 거꾸로 서서
비를,
눈물을,
통곡을,
묘지에 놓고
하늘 보니 덧없고,
심해 어둠에 내린 가슴을
텅 빈 교실게시판에 새기니
숨소리 눈물로 내린다

차가운 연무에 공기는 숨고
홀로 섬에 혼령 잠시 쉬고
바지, 저고리 빨아
헤엄치는 장대에 널어
북으로, 북으로
울 엄니 찾아
목소리 울린다.

(2014.4.26)

밤의 서정

이리 가도, 저리 가도
붉은 빛 풍경
숨어 있는 비밀을 추첨하듯
하나씩 꺼내들고 이야기 하니
비틀거릴 뿐
눈만 깜박 거린다
야광 주변에만 도사리는
춤추는 향수
어느 골목에서 멈출까
청춘은 뜨거워지고
중년신사
질 수 없다는 듯
붉으스레한 가픈 호흡
방황하니
도시는 그때
깨어나는 구나
슬그머니 꺼내든 노트에
사랑과 슬픔이
뒹굴어 고여
오늘로 모여 든다
어둠과 불빛 사이

삶도 죽음도
상존하는 순간
보이는 것, 오직 껍질 뿐
찬찬히 들여다보니
흐느끼듯
고요하게
질주하며
깊은 외침의 세상이다.

(2014.2.14)

어둠속 십자가

난들 너를 알겠느냐!
문명이 숙성되어
죄어오는 속에
영혼이 고갈된
고개 숙인 도시인
넌들 나를 알겠느냐!
비틀거리는 TV 화면에
날마다, 날마다
주절거리는 통속의 변이
위로 한답시고
차가운 가두리 안으로
손 내민다
넌들, 난들
서로 알겠느냐!
내 마음을, 네 마음을…
낮과 밤이 서로 다르듯
낮에 잠잠하다
소용돌이치는 밤에
불현 듯 나타난 불 빛
스치며 뒤로 위로 하듯
떠나는 고개 숙인 별 빛

내가 어찌 너를 알겠느냐!
네가 어찌 나를 알겠느냐!
지친 영혼들
가로지르는 길 사이에
침상 놓고
막걸리 사발 이야기를 들려주어
날이 샐 때까지 엎드려
꽃에 갇힌
슬픈 구속자의
위안이 되고 있다.

(2014.2.14)

자화상(1)

눈썹 치켜세우고
심장은 타이어 자국으로 멍들고
바람 부는 날
솔깃한 부드러운 소리에 취해
그냥 걷는
나그네 봇짐에 담긴
이야기 꺼내들고
찾는 이 없는 곳에서
맘껏 소리치고 싶다

아서라 하며
마음이
짙어가는 그림자 이기려하니
나로구나, 어리석은 싸움이구나

시도, 때도 없이
눈동자에 눈물을 담고
건드리기만 하면
터질 것 같다
아! 세상을 이제야 알아 간다
아! 아직도 세상을 정말 모르겠다

너는 모르지
찰나의 짜릿함을
아직도 모른다
아침에 왜?
일어나는지를...

(2014.4.18)

산 꽃

푸른 솔
바람소리 노래에
싫다고 하는 햇살에
아픔을 쥐어 주고
처녀들 꽃버선 곡선에
깜짝 놀란 홀씨 바깥나들이에
영근 산허리 붙잡고
피어난다

망각할 틈도 없이
설레임이 먼저 찾아와
정신없이 질주하다
그 앞에 우뚝서서
어지러운 색상으로
치장한다

두근두근
어제나, 그제나 마찬가지
향기 흘러, 흘러
가슴 옷깃사이에서
거친 땀 내음으로

방향한다

나는 사내로
산에서 핀 거친 잎새와
꽃 잎 사이에서
잠든다.

(2014.4.18)

등불

주인없는 단상에 앉아
주인을 기다리며
조그만 영역을 밝힌다

칼도 들지 않았다
욕심도 없다
제 수명 다하는 날까지
뭍 손님을
맞이하였다가
보내기도하고
또 다시
다가오는 손님에게
자기 공간을 내어준다

어둠이 자리하는 동안
떠나지 않고
낯선 이의
자리가 되어준다.

(May6,2015)

낯선 중년 여인

살짝 드리워진
주름살 세월에도
꽃 한송이로
가릴 줄 알고

흔들리는 듯
매혹하는 듯
엳은 바람에 슬픔을
가리 듯
은갈색 머리카락이
귀 볼을 가리고 있다

아름다움,
고혹스런 모습
훔쳐보는 순간
이루어질 수 없는
생각에
숨소리들킬까
심장 뒤끝에
숨겨놓고 바라본다

시간을 알리는 종소리에
눈을 떠
세월을 꺼내들고
세월만큼이나 쌓인
그리운 사람을 그리워한다

마침내
바람 흔적을 새겨 넣은
소리 없는 움직임이
꽃 잎 되어
문 밖으로 날아간다.

(May6,2015)

여인서정

이국땅
어느 시골카페
봄날에 이야기라도 하듯
벽 아래에 고개를 떨치고
한 여인은 나체로
한 여인은 뒷모습에
속삭이는 듯하다
어제도
오늘도
어서 오라고 하네요

봄 날
이슬비 품고 있는 날
앞에 앉은 여인
한껏 담고 있는 생각을
모습으로 보이고
잊혀진 사랑을
끄집어내는 것 같다

어떤 날은
벌거벗은 채로

세월과 사랑 – 8015

숨소리 죽여 가며
다가와
살아 있음을 알린다
모든 이의 초상에
영혼을 불어 넣는
작가는
여인의 깊은 숨소리를
아직 듣지 못했는가 보다.

(Apr.28.2015)

비뚤어진 철학

숲속 길 안내하는 표지판
침묵으로
몸을 비바람에 맡긴다
벌거벗은 채
쑥스러워 하지 않고
그냥 서 있다
그 모습에 호흡을 넣는다

나이 들어가며
흐트러진 몸 매무새에
왜곡된 틈새에 빠져
여기가 어딘지
저기가 어딘지
갈피잡지 못하고
억지 춘향 놀음에 빠져
흔들리는 말뚝에
비전을 세워
'우리'라고 우긴다

핏대 세워
자갈 길 가듯

질서 없는 아우성 소리에
시공을 넘나드는 역사책을
한 장, 한 장 찢어내어

침묵으로 눈감고 서 있는
'망각' 지름길목에
'비전'을 새긴다.

(Apr.23.2015)

존재

넌 모르지
내가 아니니
'그럴 수 있다'고 이해한다

어디서
무엇을 위해
왜? 라는 물음을
날마다 던진다
하릴없는 시간 단상에서...

어서들 오라고 하지만
가지고 있는 것은
버리는 카드만 있다
이제 자리를 뜰 준비한다
이유없이 너의 존재를
유혹한다.
그냥 내가 해 왔던 것 처럼...

(Apr.23.2015)

낯선 비

어디에서 왔을까?
검은 휘장으로
몸을 두르고
어디서 오는 걸까?
예고도 없이
어두워지며
뜨내기 손님의 손짓처럼
정감이 없구나

아직도
익숙한 거리에 자리 잡고
움츠린 자세로
혼돈의 실마리를
풀지 못해
시간을 기다리며
바라보는 빗방울이기 때문일까?

낯선 비!
빠른 속도로 지나가는
세월의 흐느낌일까?

잠시! 일상을 침범하며
스쳐가는 저편 기억일까.

(Apr.23.2015)

한낮 찻집 노래

서너 시간 동안
사람들 이야기 소리에
음악소리
들리다 말다
냇가 물소리에
사람들 소리 멀어지듯
빠르게
느리게
먼 옛날 것들
순간 잊어버린
먼 곳으로 떠나온
그리움 쌓인
낯선 찻집에서
깊은 호흡을 끌어내
내일을 기약해 본다.

(Apr.15,2015)

도시

습관이 되어버린
이미
익숙해져 버린 것들에
중독되어
금단현상의 소용돌이에
넋을 두고
생각은 허드슨 강을
건너가고 있다

기계들처럼
외피만 겉돌다가
지나가는
자동차소리만
듣고 스친다

인간은 많은데
사람은 없고
시간은 많은데
생활은 없고
이리 저리 산책하는

뒤죽박죽 도시 골목길
그리움이 멀어진다.

(Apr.15,2015)

커피

커피는 향기지
맛은 아니다

서두르지 마라
음미하는 시간에
시 한편으로
스며들게 해라

내 것이 아니고
네 것도 아니다
형식적 분위기에
차림격식 또한 아니다

슬퍼하지 마라
눈물이별 자리에
식어버린
어색한 몸을 추스릴 뿐이다

커피는 맛이 아니고
동행하는 향기이다.

(Apr.15, 2015)

눈동자 거울

하얀 눈 안에
검은 구름 하나
꿈틀거리는 심장
술 한잔에 비틀하며
나신 유혹이
침범한다
기어이
헝클어진 가로등 빛
마음으로 다가오니
쇠창살 거울에 비친다.

(1985.12.18)

그 때 시류(時流)

계절에 쌓인 하얀 토성
방어하지 못해
눈물로 선을 긋고
역사의 옷깃세우고
총총히 걷는다

하얗게, 빨갛게, 노랗게
떨어지는 그리고
오며, 가며
흔들거리는 싸리문 제켜
점검 당한다.

(1985.12.23)

눈 계절

눈송이에
잃었던 마음 접어드니

젖은 낙엽
발아래 바람 되어
지하다방으로 들어온다

외로움!
사랑으로 태어나
하얀 계절의
젊은 고통이 된다.

(1986.1.4)

사랑 속내

긴 겨울 어둠 때문에
고통은 쌓이고
차창 유리에 눈길주니
고요는 건물사이에 스며든다

망각에
넋을 잃고
회오리에 휩쓸려
아쉬운 수렁에 빠진다

소용돌이 치는 길
불상 앞에서
묵상하는 진실로 조합을 이루고

가슴에 남아 있는
동행자와 침묵하며
세찬 바람 안에 글을 새기며

진통제 맞아
가냘픈 용기로
겨울비가 저리도록

사랑이라는

여정 길에 오른다.

(19[illegible]1.10)

밤하늘 바라보는 날

밤하늘 별
어둠속에 숨고
눈동자는 숲을 배회하다가
찬 공기의
숨소리만 듣는다

혼자
슬피 내리는
고독에
보도블럭 세며 걷고

몸서리치는 고요에
짧은 대사 외우며
내일
무대에 설 준비 한다.

(1987.1.13)

한 시절 고민

시간이 침몰하며
정지해버린 초저녁 하늘
내일
두려움에 가슴이 떨린다

움켜질 수 없는
무소유의 강요가
무서운 미소를 삼키며
주저앉은 육신의 운명이 된다

하늘에 맡긴 몸
쓰러져
운명을 걸겠다는
출발선은 흔들리고 있다

머리카락을 자극하며
기억으로 다가오는
녹색 오로라에
맡겨놓은 생명을
블랙 홀 속에서

뜨겁게 용접하며
사다리 횟불 세운다.

(1987.1.14)

비밀 찻집

오고 가는 사람들
철렁거리는 쇠사슬에 묶어
움직일 수 없어
이야기들이 숨어있는
웅덩이 속에 자리잡는다

가슴이 해방될 나이
찻잔 물결이
세상의 자유군으로
사랑의 달콤함으로
혼돈 속에 위장하여
건강한 성사를 바란다

왜?
사상이
거리에서 발자국에 패이고
모여들던
비밀스런 이야기가
쓰러질 듯
전봇대 사이 비집고 들어와

속삭이면
찻잔은 더욱 출렁인가.

(1987.1.25)

Café에서 그리움

거리 사람들
솜사탕 들고
무작정 노래한다

홀로 하는 사람들
거리 향기를 생각하며
흐르는 시간을 슬퍼한다

빈잔은
이별을 의미하고
가슴 노래는
상처를 치유하며
사랑으로 남는다

조용히
너무나 조용히
슬프게
너무나 슬프게
오늘 남겨놓은 시간을
원망한다.

(1987.1.25)

너의 행진

가시밭 너머
육신의 줄다리기로
피가 흔들리는 모습으로
행진을 계속한다

태양에 얼굴 맞대
온 몸
뜨거움으로
목 타는 간절함에
또 발광하며
질주해 가는 시간여행

무지개 꿈은
허튼 수작으로
세월의 거짓말에
또 방랑은 계속한다
이놈의 거짓말에...

조랑말에 타고 있는 미소에
또 속아 넘어가
방랑하며

단풍사랑 앞에
또 무너진다.

(1987.3.4)

나

공허함에
물로 배 채우고
날마다 호흡하는 공기에
토해내는 진달래 향기를
대지에 맡겨 놓는다

기력 소진하고
젊은 나
이곳, 저곳의 늪이
침상되고
안개 속의 나였다

내일은
수평선 사이에 머물고 있는
향기로운 유혹에
넌지시
가슴을 엿 본다

내일은 뜨거워진다.

(1987.3.10)

비 오는 봄날

짧은 언어로
슬픈 이야기 나누고
비가 내리는 호흡은
땅에 떨어져 태양을 위로하고
아름답다고
사랑에 몸서리친다

빗방울 하나
바지랑대 끝에
서 있다가
반사되는 불빛에
온 몸으로 불사른다

어둠속 화려한 광채가
슬그머니
꽃 초롱의
사랑에 안긴다.

(1987.3.17)

첫사랑

눈가 미소로
행인도 쉬어가는
가냘픈 존재인 나
내가 되기 싫은가 보다

바닷 속
진주가 불러주는 노래는
지워지지 않도록
미색으로 스며든다

사랑
아픔일거라고
흔들거리는
바람일거라고
선생님은
우리 선생님은
알려주지 않았다.

(1987.3.18)

친구

아무 때나 눈물 보이고
아무 때나 웃어 보이는
진달래 꽃 향기
주머니에 넣고
선술집 근처에 어슬렁거린다

주검 재단에
막걸리 잔을 가까이 두고
응고제로 비석을 세우고
쭉 둘러 앉아
같이 죽고, 같이 묻히고
말없이
흩어졌다가
다시 만나자 했다

너의 눈물
나의 온 몸 적시고
너의 울음
나의 심장 반쪽되니
그래도
노래는 쉼 없다.

(1987.3.18)

청춘의 마지막 몸부림(1)

사념 내려놓고
가로수 길 올라
나는
마지막 과제를 위해 출정한다

기다림에서
두려움으로 그리고
무서움으로 바뀌는
짧은 순간

오직
눈 감고
머리는 어디갔는가
육신만 남아
마지막 떨림을
막는다.

(1987.4.18)

청춘의 마지막 몸부림(2)

몸뚱아리
흔들거리는
버들강아지에 묶어
위태로운 태풍에 노출된다

지친 모습에
위로의 눈동자는
뒤돌아선 채
소낙비 아래 숨는다

낯선 다방
가죽 벗겨진 소파에 앉아
음악은 땅 속으로 숨고
기다리는 시간은
태양 속으로 숨고
그래도
저 빌딩 속에서
낯익은 발걸음 소리를
기다린다.

(1987.4.18)

청춘의 마지막 몸부림(3)

음악소리와
연인의 절묘한 조화
시간의 괴롭힘이
담배 연기를 동반한다

태양이 비웃고
지구가 파멸되고
눈물자국 남아 있는
아둔한 초상화를 보며
사랑이라고 한다

그리고
사랑을 배웠다고 한다
이제 전화 벨 소리는
공기 속으로 사라지고 있다
초라한 뒷모습 남기고서…

(1987.4.18)

빗물

계절 분신이
그림자 사이에서 슬퍼지니
창 넘어 불빛
슬그머니 손을 내밀어
그림자 되니
이념 속에 숨은
청춘 눈물이
담벼락에 붙은 목련에
다가와 위로 한다

초라한 몸매는
하늘에 젖어 쓰러져
화형식 불꽃에
숙연해진다.

(1987.4.30)

발자국

어제 신은 신발
오늘도 닮았네!

오늘 신은 신발
내일도 닮겠지!

어제 내 발자국
오늘도 닮았네!

오늘 내 발자국
내일도 닮겠지!

그래서 사랑하겠지?

그래서 이별하지 못하겠지?

(2015.6.17)

사랑

무엇인가? 아픔!
무엇인가? 그리움!

창밖에 길들여진 안개
햇살에 흔들거리다가
의미없이 사라진다

미동도 않고
깊은 동굴 속에 숨어
큰 징소리가 되고
울다가, 울다가 쓰러져
'서러워, 서러워 말자'하며
옆자리에
누워있는 주검이
'사랑하자'한다

문은
창살이 없고
누구나 엿보고
눈먼 생의 자락을 붙잡고
성인처럼 사랑한다.

(1987.5.5)

엉켜있는 너

휘파람 소리로
영혼 움켜잡고
슬픔 아침을 그릴
풍경화 앞에 서 있다

풀잎은 떠나려는 바람 뒤에서
길들여진 사랑 슬퍼하고
퀴퀴한 찻집 냄새에 젖은 시어가
뒷모습 여운 남기고
술잔과 유혹을 한다.

(1987.5.9)

어머니

옷자락 허리에 매고
밭이랑 햇살에
땀은 살갗을 파고들고
수 억 년 핏방울 솟구친다

주춧돌에 깔고 입은
회색빛 저고리가
삶의 노래가 되고
새벽 들녘 햇살을 가른다

태양은 포물선으로 떨어지고
한은 세월을 품고
흙에 묻은 양식은
몇 년 후 돌아올
아이를 위해 기다린다

소원이 무엇이냐고
대처에 앉은
저승사자의 춤사위를 보며
누워있는
시대를 넘어

오늘도 곁에 있다

기억하는 날
땅과 춤추는 모습에
아이들이 모여 있다.

(1987.6.17)

젊은 한계

사상과 이념
출세와 물질
두 갈래 이상을 쫓기 위해
발놀림 빨라지고
과거도, 현재도, 미래까지도
서정의 낙엽은 지고
고통시간을 만끽하는 오늘
젊음을
낭만이라 하겠는가?

(1987.6.19)

생활

자연 순리
무한괘도 틈바구니 속에서
탈선과 싸움하다가
주저앉은 시간들의 상처

수렁에서
하루가 멀다고
기다리다가
치유하지 못한
세상 법칙이
어디, 여기뿐이랴!

먼지투성이는
산맥따라
공중회전하여
도시에서 산골에 멈춘다

감상은 망상이 되고
패배는 복개한 냇가
물 흐름이 되었다

혼자
여기 저기 기웃거리다가
허공에 손 내밀고
날마다
매운 냄새를 먹는다
오늘 여기서 말 것을
하며, 그러나
내일은 생활이다.

(1987.6.28)

비오는 날

나뭇잎
아스라이 멀어지는 하늘 공간에
빗방울이 차지하고 있는
어느 날 오후에
어디 발길 옮길 이 없을까?
어디 우산 받쳐줄 이 없을까?

찻집 향기는
연무속에서 흐느적거리고
비오는
여름 한낮에 잠깐
샛길로 향하고 있다.

(1987.7.11)

꽃 향한 바람

해오라기 비상
빗나간 슬픈 날들이여
이곳
저곳에서
갈대숲에
바람은 서성이며
속삭이는 바람사랑은
빗장에 잠긴다

허망한 해오라기 꿈은
이탈한 궤도 사이에서
코스모스가 흔드는 바람에
싸구려 향기를 낸다

혼자 넋두리로
종이배 접어 강가에 놓고
기다리다가
방랑하는 수초에 바람을 태워
내일을 부탁한다.

(1987.7.20)

가는 세월

죽음과
삶의 갈림길
방황하는 길목에서 만난
석양녘 초가집

여기
우주의 엇갈림에서
곡주 사발에
별리(別離) 노래를 부른다

회오리 속에서
세상 바라보며
숨을 다듬어 가며
새벽 별 사이에 난
찢어진 상처를
숭늉 그릇에 담고 간다.

(1987.12.22)

떠나는 길

서곡
벌거벗은 눈사람 눈동자
눈물로 녹아 내며
여기를 뒤로하고
낯선 길로 접어든다

햇살은
거리악사 되어 놀아나고
이끼 낀
푸른 유리창 너머
매몰되는 눈길로
돌팔매질
흔적 남긴다

거추장스럽게 걸터앉은
낡은 허수아비 세월
조금씩 길어지는
희미해진 상처가 된다.

(1988.1.4)

커피

어두워 질 듯
환할 듯
그 향기
입가에 머무는
회색 빛 연기와
스스럼없이 놀아난다

쓰디 쓴
달콤함과 따스함 엉켜
가슴 치는 카페인 환영으로
청춘을 몰입해간다

갈색으로 퍼진
삶 뒤안길에 비친
석양 풍경 속에
공간이 있고,
음악이 흐르고
젊은이들 목소리가
향기에 유혹된다.

(1988.1.5)

순간 상념

숨 막혀 바둥거리는 육신
흔들리는 버들강아지 모습처럼
위태로운 순간에
모두 모아놓고
한 품으로 만나려한다

바보가 되어
미친 바보가 되어
낯선 카페에서
전율하는 음악소리에
이미 공간을
타인이 점령해 버렸다

혼자 남아
떠나는 사람
모퉁이 노을빛에
비추는
그림자를 응시한다

영혼은 몸부림과 연계되어
아픔은 이어지고

아픔이 멈출거라는 기대에
눈물을 거둘 준비 한다

낯선 슬픈 도시에서
몸은
사랑 깊이 굳어버린
석고상 된다.

(1987.4.18)

슬픈 축가

내가
나에게 갈채 보내는
촌스런 행동이
축복받았다는 죄스러움도 없이
지난 탄생을 망각하게한다

모두 다 잠이든
타락이 잠이든
서서히 죽어가는 연습으로
끝자락에서 만나는
잉태의 몸부림에
망각의 옷을 다시 입는다

더럽게 덧칠된
도시 벽에 걸려있는
걸개그림의 눈물은
님을 위한 축가되어
너도 나도 부른다.

(1986.12.25)

사랑

하늘도 푸르고
바다도 푸르고

하늘 거울이 바다이고
바다 거울이 하늘인가

하늘과 바다는
서로가 하나인가

마주보며 서로를 그리워하며
하나가 되고자 한다

눈물 흘려 대지를 적시고
하늘 향해 또 눈물 흘려
그래서 하늘과 바다는
서로 사랑하는가 보다.

(2009.4.13)

내 섬

파도의 그리움이었고
파도의 고향이기도 했다
동트는 동녘이 되고
해지는 서녘도 되기도 했다
일상의 하루이기도 했다

갈매기의 울음소리에도
뻐꾸기의 둥지 잃은 소리에도
부엉이의 어둠속 길 헤매는 소리에도
가여워 가슴속 품을 열어주기도 했다

멀리서 돌아오는 뱃길 따라
하얀 파문이
흔적을 남기면서
꼬리를 흔들며 오면
동네 꼬마 애들은
나루터로 뛰어 나간다
옛날에는 그러하였다

파도가 머물렀다 떠나며
해와 달이 서로 마주치며

새들이 잠자며
구름이 쉬는 곳에서
성인이 된 아이들이
따스한 품안을
그리워하게 한다.

(2009.4.15)

닮은 자화상

내가 보듯이
내 딸들도 보겠지요

물가에 구름이 내려앉아
뛰어오르는 물고기를 바라보듯이
물고기 또한 구름을 바라보며
하늘에서 내려오는
구름 속으로 숨어들겠지요
그리고 또한 서로를 바라보겠지요
그러면서 서로 닮아가겠지요

내 아버지의 발자국이 있어
내 발자국이 있었듯이
내 딸들의 발자국도 있겠지요

서로 닮았겠지요
가는 길도 닮아가겠지요.

(2008.10.14)

내 작은 아이 그림자

낯익은 모습에서
내 모습이 보인다
발이 닮아
신발이 닮고 또한
발자국도 닮아간다

그러나
닳는 곳은 다르다
나는 뒷굼치가 닳고
내 작은 아이 그림자는
왼발 앞쪽이 닳는다
서글프게도, 서글프게도
서로 닳는 곳이 다르다

뒤뚱이는 모습이
스며들어
내 몫이 되어
너의 몫이 되어
서로 뒤돌아서며
내일 햇살을 그린다

닳는 곳이
닮아갈 때까지
내 영혼,
내 사랑,
내 생명과 함께
내일 햇살을 그린다.

(2005.4.20)

술 한잔 사고 싶소

가로질러 가는 사람 불러
술 한잔 사고 싶소
밤낮없이 칡넝쿨 붙잡고
살아가는 사람들에게
노래를 불러주고 싶소
질기디 질긴 숨소리 내며
천만년 흘러온 산맥, 강물처럼
춤추어 주고 싶소

한잔에 취해가는 길이
외롭거든
내가 사는 동네에서
잠시 쉬었다 가오.

(2009.10.10)

10원짜리 동전의 묵언수행

세상을 지배하던 시절에
주머니의 왕자였고
골목대장의 권위였다
세월은
화려했던 모습을 초라하게 했고
한 켠 뒤로 물러나 앉으면서
아무도 찾지 않은
양철집 지붕의 주인이 되었다
옛날에 아주 옛날에는
따스한 손바닥을 점령했고
그곳에서 사랑을 하였고
거리의 신사이기도 했다
역전 다방 김양의 꽃이기도 했고
향기이도 했다
거리 아이들의
개피 담배이기도 했다

이제
초고속 세월따라 상경한 초라해진
모습에서 알 수 있듯이
마냥 여위어 갔다

또한
어린아이의 발길질 장난감 되어
흙속으로 사라지고
길들여진 할아버지 붉은 눈에는
아이들 장난감으로 비추고
자본에 매몰된 넥타이 부대는
사무실 서랍에 감금시켜 놓고
더 이상 관심을 두지 않았다
힘없는 존재가 되었다

그나마 택시 미터기에서
자신감 있게 모습을 드러내지만
서로 양보하며
존재감을 잃은 지 오래였다
아이들 저금통에서조차
입구에서부터 출입금지 당했고
은행, 동사무소 기부함 통에서만
서로를 위로하며
주인을 기다리고 있을 뿐이다

존재 상실의 슬픈 모습으로

마지막에는 아파트 관리비
전기료
가스비
통신비 고지서에만
그 모습을 드러내고 있을 뿐이다.

(2008.9.20)

똥배 아저씨

아침!
점심!
저녁!
흔들리며 달려온 모습에서
버거운 식욕을 채운다

너와 내가 모두가
살아온 길가 두엄에
꼭 흔적을 남겨 놓는다

이제는
힘들게 나뭇잎 사이로 걸어가며
털어내 듯 흔들어댄다
오늘따라 유난히 보름달처럼 아름답다
더 이상 미워할 수 없는 모습에서
또 다른 나를 발견한다

어제와 오늘 그리고 내일까지도
참모습이 되어 나를 침범한다
아침이 되면

훌훌 털어내며
가벼운 발걸음을 옮긴다.

(2008.5.2)

말똥구리

말똥구리!
제 몸보다 큰 것을 굴린다
오직 똥만을 굴린다고 말똥구리인가
세상 얽매인 굴레를
하나로 동여매어
청정 푸른 이슬처럼 다지기 위해
똥을 굴리는가
말똥구리는
똥만 굴릴까?
세상 속인들의 분출물을
비아냥거리기 위해 굴리는 것일까?
말똥구리는 똥이 좋은가 보다

가진 것 없어도
봄 풀잎이 나도록
얽혀 있는 문제를
하나, 둘씩 풀기위해 굴린다
아직도 말똥구리는
자신보다 몇 십배 넘는 말똥을
종횡무진(縱橫無盡) 굴린다.

(2009.5.10)

똥 강아지

우리 홀아버지! 홀머니!
아들, 딸의 아이들에게
엉덩이 두드리며 한마디 하신다
우리 "똥강아지"하며
어린 아이 성장하면
홀아버지, 홀머니 자리에 들어
똥강아지를 찾는다

어제와 오늘의 생명
세대를 이어가는 줄기
똥강아지는
이제 어디로 떠나가고 있는지

홀아버지! 홀머니!
똥강아지는
이제 점점 더
작아지고 있네요.

(2008.7.9)

개똥이 아버지

아버지!
어디에 계시나요
우리가 부르면
닿을 듯이 있는
개똥이 아버지!
어디에 계시나요.

우리 아버지는 개똥이 아버지였다
어느새
나도 개똥이 아버지가 되었다
내 친구 종식이도
개똥이 아버지가 되었다
세상을 먹어치우는 좀벌레들
우리 개똥이 아버지 영혼을
바람처럼 밀어 낸다
개똥이 아버지 소주잔이 비어있다
그래도
집에 들어가며
붕어빵을 손에 들고간다

내 아버지입니다
내 자화상입니다.

(2008.8.10)

기도

훌러덩 벌거벗고
지난 세월 겹겹이 껴안은
검은 옷 벗어던지고
푸른 하늘을 바라보세요
훌러덩 벌거벗고
자아를 지배하는 껍데기 영혼을
벗어버리고
무념의 자세로
무욕의 모습으로 무릎을 꿇어보세요

훌러덩 벌거벗은
오늘 같은 삶이 싫다면
길들여진 세상이 싫다면
맞춤형 세상에 나서는 게 싫다면
벌거벗은 채
어둠 밤
하늘아래 동굴 속에
몸을 숨기세요

그대가 맑은 영혼을 소유하려면
그대의 과거가 싫다면

훌러덩 벌거벗고
무릎을 꿇고
두 손을 모아 보세요
머릿속에 떠오르는 데로 향하세요

그대여
영혼, 육신을
벌거벗은 채로
온 몸으로
세상 빛을 받으세요.

(2009.12.10)

웃음

기다리던 이
다가오는 모습에서
해바라기 같은
하늘 햇님 보았고
잊어질 듯 흐른
세월 뒤켠에
숨겨두었던 이야기 꺼내 들고
거리로 나섰다

내 이야기가 네 이야기였고
네 이야기가 내 이야기가 되었기에
별을 헤며
밤새는 줄 모른다

싸리문 열고 들어서는
아버지의 귓가에
아이들의 소리가 들리고
하늘 도화지에 그려진
미소가 보인다
잊혀진 육신의 습관을
다시 반복하며

몸에 익히는 연습을 한다

오늘처럼
하늘에 울려 퍼진 일상의 그리움을
내일도 되새긴다
아침 햇살에 깨어
숨소리 한번 크게 내고
눈가에, 잎가에 그리고 얼굴에
그 모습 드러내자
어린아이의 웃는 모습을 보며
긴 날의 발걸음이 가볍다.

(2007.6.10)

여정

세월 속에
강이 있어 건너왔고
산이 있어 넘어야 했다
잠시의 휴식은 사치였고
게으름이었다.

(2007.10.5)

길의 선택

"아니오"라고 하지 못하고
"예!"
"그렇습니다"
"맞습니다" 하며 갔던 길이
어디 기쁨만 있었겠느냐 만은
나는 그 길을 갔었지요
싫든, 좋든 가야했던 그 길은
어느 누구도 가지 않았던 길이었지요
홀로 길은 내며
발자국 흔적을 남기며 갔지요

잠시 쉬며,
물 한 모금 마시는 시간입니다
다시 새 길을 내며
낯선 길을 떠나야겠어요
길은 멈추어 선 나그네에게는
길을 내주지 않아요
끊임없이 걸어가는 사람들의 몫이거든요.

(2009.11.6)

솔방울 인형

스스로 걸어서
이산, 저산, 배회하다가
지쳐서 쉬고 있다
어린애들 달려들어
송아지에게 집어 던진다

사계 푸른 잎 새에
숨어 있다가 나와
서로 부둥켜안고
얼굴, 몸과 다리를 만들어
그네를 탄다

이제 쉬이 볼 수 없어
기다리지만 오지 않고
내 딸 손잡고
그의 손잡으러
가야만 하는가 보다

햇님은 솔잎에 앉아
주름진 세상을 바라본다

(2012.6.10)

꽃

오롯이 가는 님!
잊기 전에
푸른 잎새 사이를 비집고 나온
하늘 전령자

서로 바라만보다 사랑에 빠지고
심장은 하늘 천둥보다 더 큰 소리로
슬피운다

뜰 앞에서 님을 기다리는 녀석!
들녘에서 나그네에 눈길 주는 녀석!
언제나 사랑을 주고
그리움, 기다림에 익숙하다.

(2012.4.10)

무궁화 열차

그날,
그 옛날,
행복한 날!

산과 강을 이어가며
기억 속에서
계란 하나 꺼내든다

세월 흘러 십수년
아직 존재하는 풍경화
그립다

스쳐가는 불빛에
입맞춤하는 모습을
새 화폭에 담는다

긴 여행
옆 좌석에 앉은
젊은 청년에게
지난 이야기를 남긴다.

(2011.10.6)

동백꽃 날

어허둥둥!
바다 잔물결 빛
봄 꽃 비늘에 반사 된다

고여 있는 눈동자들
환호성으로 반응하고
잃어버린 어제까지도
진저리치도록 껴안는다

한밤중에서 새벽까지
애써 모닥불 감싸고
세기의 솟대 끝에
동백꽃 빛으로 태운다.

(2013.12.30)

목련

마주치는 꽃
밤이 되어 타오르며
눈부심이 있다

세월은 흘러 순간이 되고
과거는 현재로 돌고
만남을 재 조명하고 있다

이웃집 담 너머에 쓰러진
빛바랜 모습에서
돌아오는 봄날에
매혹스런 자태로 마중 나온다

파란 하늘 아래에서
향기를 맡는다.

(1997.4.6)

꽃과 나그네

그토록 목련꽃 피어나기를 기다렸는데
수려한 꽃잎이 되자마자
밤새 그리워한
눈동자가 외투를 벗어던진다

이른 봄
밤의 향연에
화사한 치마 바람을 일으키며
멀어지고, 멀어진다

침몰하는 것은
떠돌다 지친 나그네 발길인데
목련꽃 향은
기다리는 나그네의
세월을 놀리고 있다.

(1997.7.4)

길

가도
가도 끝이 없고
가고 오는 사람들
방랑도 끝이 없다

어디 급히 가는지
발걸음 소란하고
길잡이 없는 발길은
끝이 없다.

(2001.12.25)

산에 오르기 전에

산에 오르기 전에 산에서
내려오는 소리를 듣는다
꾸불꾸불 능선이
여기가 거기인가
저기가 여기인가
가다말면 그만이지
여기서서 한사발 막걸리로
세상 이야기 취해간다

산에 오르기 전,
꼭대기 먼저 바라본다
바라볼 뿐, 오르지 못하고
다가갈수록
저만큼 멀어져간다.

(2001.1.6)

눈 꽃

하늘에서
겨울 전령이
나뭇가지에 걸터앉더니
어느새 눈꽃이 되어 있었다

아무 소리없이 내리더니
처녀들의 젖가슴을 내리쳤다

아찔한 뭉클함에
뜰 수 없는 눈동자는
눈꽃을 껴안고
날이 새는 시간에
슬그머니 외출한다.

(2001.1.9)

잡초

잡초 뿌리
바람에 죽은 듯, 산 듯
겨울과 봄 사이에서
꽃도 없고, 꽃씨도 없이
그냥 누워
기다리며, 기다리며
하늘 구름에
그동안 살아온
사연을 들려준다.

(2001.1.21)

제국의 꿈

수평선 위
동그라미 하나가 펼쳐지더니
바람 공간을
수학공식처럼 지배한다

욕망하나가
피가, 노래가,
그리고 죽음이 되고
마지막 존재는
그래야지, 그랬어야지!
아니지, 아니지 않았었나? 하며
헤일 수 없는
별 속으로 사라진다.

(2001.4.4)

낡은 시계

가시나무에 걸린 가시처럼
그렇게 조그만 한 것이
세월을 점령하고 있다
신체 일부분에서
너의 귀퉁이에서
틈새 공간을 가지고서도
세월을 호령하고 있다
끊어질 듯, 말 듯
떨어질 듯, 말 듯 해도

낡았다는 것
세월의 징표인 것을
동여맨 낡은 동아줄처럼
위태로이 흘러도

어머니와 아들은
세찬 파도의
밀물에도, 썰물에도, 서 있다.

(2001.4.4)

움막초연

풍상에 움막 짓고
살고, 살며, 살아간다

가을걷이의 끝자락에
폭풍을 반기며
볏짚 온기를 느낀다

소낙비에 밥 짓고
별보고 누워잔다
편안한 아침을 맞이한다.

(2001.7.23)

자아성찰

그대!
눈가 미소에 별들 춤추고
타인이 삼켜버린
육중한 침묵이
저녁놀을 흔든다

난!
가냘픈 존재로
심장소리
댓잎 바람사이로 사라지며
못내 아쉬워하는
내가 되기 싫다

바람에 햇살까지 흔들리고

첫사랑이었나!

(1987.3.18)

꽃잎

더위가 치마 단을
바람이 연분홍 치마폭을
스스럼없이 지나가는
늦봄을 시기하는 꽃 향기

아낌없이 내 던져
삶과 죽음 사이에서
기꺼이 오는 계절의 분신

어디까지 왔나
이미 지나쳤나
무슨 상관이랴
햇살에 명암이 있고
바람에 원근이 있고
세월이 무슨 상관이랴!

내 한 몸 던지면 그만인 것을…

(2012.6.31)

햇살

꽃 잔등에 올라타
맘껏 휘젓다가
쏟아지는 빗방울에
잠시 숨고르기라도 하듯
서산 소나무 가지에
가부좌 틀고 앉았구나

어제, 오늘
그리고 내일도 마찬가지로다
하나도 변함이 없구나.

(2012.9.1)

청춘, 사랑한다

길모퉁이 목련과 이슬방울
서로 비밀 지키다가
어느새 태양을 껴안고 있더이다

한 낮 정열도
한 가슴을 품고
살갗 찢기는 고통도 품고
쉼 없이 질주하는
고속열차이더라

청춘! 서슴없더이더라
자랑 할 것도 없더이더라
그냥 오늘이 오늘이더이더라
기쁨도,
슬픔도, 미움도
오늘 뿐이더라
청춘이니까?

(2012.9.8)

청춘

너는
고민과 뒹굴어본 적 있느냐!
죽도록 뜨거워본 적 있느냐!
눈물을
숨겨본 적 있느냐!
거친 바람과 설산을
사랑해본 적 있느냐!
낮과 밤 없이
돌고, 돌고 사랑하다가
울고, 울고 멈추어 서서
생의 끝을 생각해 본 적 있느냐!
절절한 이야기
등짐지고
부르튼 발가락 고통을 가진
청춘을 가진 적 있느냐!

뜨거운 햇살 바라보며
별빛과 달빛과 수군거려
긴 이야기를 써본 적이 있느냐!

푸르른 소나무 아래서

봄, 여름
가을, 겨울
지워지지 않은
물그림자에
입맞춤 한 적 있느냐!

(2012.4.20)

한설 꽃

고택 사이 목련꽃은
추위가 떠나기 전
그 마지막 향기는
화롯불처럼 이글거린다.

아름답다하여
바라만 보다
그리워하다
바람에 빼앗기는 악몽을 꾼다

자다 깨어 보니
봄비가 지나갔나
꽃잎은 지고 없다.

(1998.3.18)

가을 바람

바람에 잎들은
힘없이 떨어지면서
몸체는 땅에 부딪치고

세찬 바람이
힘없는 잎을
장독대 항아리 아래로
내몰고 있다

잠시의 화려함이
흑백 영정사진처럼
영욕만을 남기고서
속절없이
바람은
다시 거리로 나선다.

(1998.11.9)

지금 우리는

진달래 꽃 향기도
가신지 이미 오래
울창한 푸르름이
의미 없이 짙어만 간다

세월 흘러도
아름다운 세상 멀고
쓰러진 영혼 달래줄
기억은 사라지고
썩어가는 쓰레기는
곳간에 포장한다

노래를 불러도
귀신이 창궐하는 노래 부르고
춤을 춰도
선무당이 꿈틀거리는 춤을 추고
마주치는 것 모두가
허물어져간다

이제
똘마니만

90도 각도로 얼굴 묻고
마당 잔치에서
백두대간을
난자하고 있다.

(1986.4.5)

가면

미친놈들
허울로 현혹하는
꽃뱀 같은 놈들
더럽게 치장한 사기꾼들
오장육부는 썩어
머리엔
똥들의 향연으로 취하는 놈들

입은 살아
미소는 있고
하늘 별들까지도 속이며
암흑을 기다리며
거짓으로 취하는 놈들

그러나 아직도
멀고도 먼
땅 끝 아래 섬들은
슬픔을 달래는
탈춤을 추고 있다.

(1987.6.8)

가슴노래

흐르는 세월에 묻혀
시들어 떨어지는 꽃잎이여

떠도는 넋
방황하는 영혼
서러운 몸짓만
바람에 휩싸인다

축제에 눈부신 하늘 아래
소리 높여 부르짖는
누구를 위한 진혼곡인가

내가 아닌 너를
네가 아닌 우리 모두를
사랑하며
위로하는 노래인가

눈물로 보여준
웃음 짓는 합창소리
가슴에 맺혀 흘리는

통곡소리
바람결에 실려 간다.

(1986.7.5)

생각

밤이 되면
홀로 외로워지는 까닭은
그리워하는 사람이 있기 때문입니다

밤이 되면
홀로 서글퍼지는 까닭은
몹시도 사랑하는 사람이 있기 때문입니다

가냘픈 몸매를
내 던지면서까지 아파하는 이유는
한 순간 바람이 스쳐가도
주체할 수 없는
젊음이 있기 때문입니다

깊은 밤 어둠 속에
세속의 색상이 점령하고
눈은
화려한 유혹으로 길들여진
영혼의 뜨락에 피는
붉은 꽃잎 세상을 보고 있습니다

여기 저기 찢어진 생각
파괴의 끝에서
희망과 마주하며
긴 터널 속에서
사랑으로 고독하며
사랑으로 살아갑니다.

(1987.10.6)

시(詩)

시작했지만
언제 끝날지도 모를
아니,
영원히 돌아올 수 없는
사각의 공간을 침범하며
낮과 밤에
군것질 하듯
바구니에서
주섬주섬 꺼내
끝없이 휘몰아치는
소용돌이 따라가다가
심해 깊이 멈추어
판에 박힌 세상을 조각한다.

(1989.4.10)

검은 잉태

태양이 꿈틀거리며 태어날 때
우리도 같이 뜨거워졌다
시작 의미를
창틀 안에 두고
창공을 먼저 날고자 하는 어리석음

서글픈 존재로 태어났는가! 우리는
기울어가는 서산의 잔유물
나그네 방황 끝에서
또 다시 막을 올린
별들의 판토마임

하찮은 존재인가! 우리는
굶주린 정열이 동행하는
도시 복판에서
쓰러져가고 있는
시대의 표상들

태양이 떠나갈 때
슬픈 몸매로 몸서리치며

어둠의 모습으로
거리에 나섰다.

(1986.8.10)

희망

대양 홀로 등대야!
태고 살아온 늙은 소나무야!

갈 길을
살아야 할 이유를
빽빽하게
대학노트에 심어놓고
잠들고 잠들어
한 꿈이라도 보듬고 싶구나

있는 힘 다해
청춘 엮어 놓은 타래 풀어
버티고
점점 녹아드는 고무줄에
주저앉아
시간을 줄이고 싶구나

청청하늘 별아
억겁 초롱별아
쓰러져가는 지식 놀음을
산화시켜

혼령 발길로 이어주어야지

오늘이면 말라치면
내일이면 또 그러할 텐 데…

(1985.7.10)

20대 그대

어디로 가야하나 그대여!

어떻게 슬픔을 삼켜야 하나 그대여!

말라 흐리지 않는 눈물 감추며
숨소리 느끼며
산사 종소리 따라 간다

모든 것 사랑해야지 그대여!
멈추지 말고 걸어가야지 그대여!

끝없는 광야
숨결만 싣고
구름 따라 떠나가야지 그대여!

인생 유영하는 곳
정처 없이 산하를 배회할지라도
꿈을 담은 문 두드려야지 그대여!

사랑, 슬픔, 그리고 눈물,
어둠, 별과 달

사랑, 기쁨, 그리고 환희

바람과 구름에 싣고
세상 모든 것
안고 가야지 그대여!

(1987.5.10)

젊은 시간

새로 난 잎새
햇살 희롱하려는 듯
슬그머니 마음 밖으로
이끌지라도
나, 고독해 진다

그리움 잊고
사랑 잠시 잊고
뒤 켠 그림자 따라가며
더욱 고독해 진다

그리운 기다림에
빗장 잠그어
익숙해지는 외로움에
무섭도록 고독해진다

이젠
잠시 쉴 곳 찾아도
갈 곳 찾아도
촌각의 환희까지도
상실의 시절되어

생의 초입에 읊은 노래로
처절하게 고독해 진다.

(1986.3.10)

사랑가

가슴을 밀어내는 듯한 애원
몸부림치며 붙들고 있는 심장
어디서 우는 소리일까?

영겁의 세월을 사는 삶도 아니요
흐느적거리다 가는 삶도 아닐진 데
이 한 몸 바치지 못해
여기 주저앉기도 싫습니다

언제나 정열을 안고
타오르는 태양처럼
새롭고 싱그러운 노래처럼
영혼의 정열을 깊어만 가고
사랑의 새싹은 돋아납니다.

(1986.10.5)

구름

태양을 배신하고
기압골로
토네이도의
눈물을 띄운다

겹겹이 쌓여
아지랑이 위층에서
어지럽게 돌다가
번개, 천둥으로
시차간격 두고
이별노래 부른다

양털처럼
꽃 잎되어
하늘의 부산물되어
자유롭다.

(May14,2015)

회상

머리도, 손도, 다리도
모두 내려
안경 도수는 바뀌어 가고
찬란한
다이아몬드 색은 사라지고
칼춤 추는 이 없고
하나 더 하는 것 없이
하얀 종이 앞에서
천만 시간 질주하다가
그대로 잠 잔다

밤은 밤대로 어둠에 맡기고
아침은 아이들 웃음소리에 싣고
무의식 중력만 육신에 두고
하나, 둘 비워낸다

움켜진 손금 찢겨
핏물로 굳어버린
왜곡된 슬라이드 영상
화려한 몸짓으로 후회하고
욕망으로 쇠퇴하고

조그만 찻집에 걸린
여러 모습의
자화상을 본다

아무도 없는 도시
손에, 발에, 눈에, 영혼에
마지막으로 걸려 있는
찢어질듯 한
누더기 잔해를
여기 바람에 맡긴다

나를 사랑하기에…
고스란히 지워낸다.

(Feb.26.2015)

하느님

꽉 붙잡고 있는
둥실 구름에
두려운 비를 품고
떨리는 심장 붙들고 있는
애들 곤히 잠 잔다

어느 낯선 곳에
돌맹이 축성 놓고자
천리도 몰래 다가와
당신께 의존한다

내 여기 실오라기 없이
당신 앞에 서 있나이다.

(Feb.26.2015)

세월 여행

질기고 질긴
세월의 연이
달팽이처럼 걸어온다

어제부터 오늘까지
부는 바람은
엇갈려 부딪쳐도
솜털은 끄떡하지 않고
조그맣게 선을 그은
달그림자가
소리없이 지나간다

일출에
발소리 내며 떨고 있는
똑딱거리는 소리가
어떤 인연을 만나
질기고 질긴
또 다른
여행을 한다.

(2015.1.2)

도시

촌에서 촌것으로
서투르게 도시흉내 내다가
찔레꽃 한다발 드리오니
아픔으로 남고
빌딩 한복판에 심어 놓으니
거리의 허수아비들이 웃는다

찔레꽃 손이
장미꽃에 손 내미니
다가오는 것
촌것들의 귓가에
슬픈 합창소리가
강남 거리를
돌고 돌다 오는 구나

여기, 이 시간에 잠시
등짐 벗고
찔레꽃도
장미꽃 이상향도 허허롭게
들판에 놓고

일어서자꾸나
허공에 멍한 그림을 그리면서…

(2015.1.2)

가을

영글은 한여름
낙엽소리 내어 울 때
쉼표 그어
밤 구름에 살며시 기대
낯선 계절 입구에 선다

밤 구름 떠나고
바람은 차갑고
멀어진
더 멀어진 하늘 위
달 덩그러니
슬픈 사람들 눈물로
포장마차 골목길로 안내한다.

(2014.11.7)

국화

뭉뚱그려진 터 그리워
들에 나와
사랑 한 점 흡입하고
흙 사이 난 기차타고
가을 여행을 떠난다

어느새 맑은
물소리 거느리고
하늘로 오르려는
날개 짓에
향기가 솔깃하고
도시 남녀의 여행길에
이슬을 나눠준다

(2014.10.2)

한가위

잊혀진 추억
솥단지에서 꺼내
누룩 덕석에 깔아
비벼, 비벼
발효된 술 이야기
늙은 부모 입김에 취한다

어디선가
밤바람에
마중 나온 보름달
한 달 거르지 않고 스쳐도
그 자리에서 맴맴
복숭아 익은 줄 모른다

둥그런 멍석에
솔 잎 넣고
팥고물 넣고
도시 불빛 따다 넣고
가을하늘도 넣고
한 그릇에
버물인다.

(2014.9.7)

어머니

지친 삶 공간에서
한 움큼의 장미노래 부르며
떠나지 않는
가사처럼
주위를 맴돌고 있다

늙어가는 들녘에
살아가는 슬픔이 더할 때,
이 밤 더욱 그리워진다
세월이 흘러가며
별들 미소같은 하루생활을
주막에 기대어
또박, 또박 연서를 써내려 간다

오늘도 혼자라고
마음을 기대고 간다고.

(2014.9.3)

야간열차

채찍질 소리
꿈틀거리는 소리가
이제 점점
어둠속 별이 되어
새벽을 맞이 한다

짐든 할머니 모습도
통학생의
큰 사전도 의미잃고
쾌속질주 허리춤에
넘겨주고 말았다

이별의 상징이
사랑의 상징이
이젠 짧은 구간에서
그네 타듯
무표정한 흔들림을 반복하고
아무도 없고,
간간히 자리잡은
수준 낮은 잡것들의 아우성
간혹 노신사가

시간을 점검이라도 하듯
눈동자 더듬이는
창밖 불빛 놓지 않는다

사랑가를 부르며
달걀 하나로
어둠을 깨며
공간을 점령하는 시간이
아침 안개의
몸짓이 된다.

(2014.8.6)

자화상(2)

날마다 만나도
기억할 수 없고
초상화 한 장도
그릴 수 없고
잊혀진 모습은
닮았다고 하는
아버지 사진을 보면 된다

아침에 눈떠
오늘도
타인 눈동자 비친
화면을 보며
주인공 연습을 한다

애써 잘 생기지도 않았는데
배 나온 아저씨 모습인데
한 때는
최고의 미남이었는데
자화상을 그릴 수 없으면서
둥그런 얼굴이었으면 한다.

(2014.7.24)

편지

잔잔한 물결에
살포시 내려놓아
지나가는
무지개 어깨에
써 내려간다
사랑을 그렇게
저 먼발치에서
꿈을 찾듯
애둘러 써 오곤 했다

세월의 징검다리
건너오며
낡은 서랍장에서
역사의
산증인과 만나고 있다
이제
잊혀진 습관하나
저 무지개 어깨에
걸고 보자.

(2014.7.24)

청춘이라 하지요

그대!
등줄기 흐르는 땀
온 몸으로 받은 적 있나요
그대!
뜨겁게 타는 열정
낮밤 없이 질주한 적 있나요
지혜의 사춘기 겪다가
질퍽한 도로에 놓인
이야기로
사랑하다가 통곡하고
낙엽의 뒹구는 모습에
생을 생각하고
사색의 거드름을
보듬기나 해 보았나요
나이가 많고, 작음이 아니요
살아가는 오늘이요
뜨겁게 살기위해
살점 떼어
이글거리는 화로에
뒹굴어 보았나요

나는 날마다
청춘이라오.

(2014.7.12)

여름여행

시시각각
감각은
무디어 가고
포도송이 익어 가니
어느새
늦장가 가는
총각의 차림새가
하얀 수국송이에
눈부셔온다

경치는 눈앞에서 멀어지고
칸칸이 지나가는
슬라이드 영상은
변해가는 계절잔치와 합석하고
간간히 젖어드는 기차소리에
별들이 소근거리다.

(2014.7.12)

밤 외출

어둠에 또
눈까지 감으니
달의 서정은 멀어지고
어둠에 눈 감고
마음까지 닫으니
수많은 별들
부딪치며 내는 빛줄기
볼 수가 없도다

하염없이 지루한 길
어찌할 수 없어서
세상 밖으로
간섭하러 간다.

(2014.7.12)

무관(無關)

인문학적 배경과
비즈니스적 사고와
현실적 생활에
펴지 못한 돗자리를
저잣거리에 늘어 앉아
지나가는 행인에게
어떻소? 하고 물으니
아주 간단하게
대답하지요.
'그냥 그렇게 사시오'라고

그들과는
이해관계가 없으니까요.

(2014.7.12)

연서

슬그머니 의미담고
잊혀진 이야기 쪽지에 담고
밤하늘 깊이 휘몰아치는 유성,
가슴에 품는다.

숲 깊은 옛 동네
불빛 속에 잠들고
첫사랑에 미친 듯 질주하는
수국 향기는
넋 잃은 바람따라
마지막 열차를 따라간다

오늘도 이 밤은
그대와 함께라고 쓰며...

(2014.6.26)

간간이 쓰는 글

어설픈 생활
서툴렀던 삶
뒤돌아서서 엿 보니
어색했다
몇 자 적었던 글이
우습게 다가와 지웠다

사랑도 휘갈겼고
우정도 남발했고
상투적이 어투로
세상을 농락하고
주위를 우롱했나 싶기도 하다

간간이 쓴 글
어머니께서 우리 어머니께서
아이가 우리 아이들이,
선생님이 우리 선생님께서
서로 눈길도 주지 않고
산화하고 말았다

길거리 도로에 흩어진

어른들 무뎌진 지혜이야기는
욕망으로 기억되고
근본을 날로 잡아먹으며
서슬퍼런 저승사자에게도
덤벼 모순을 합리화 한다

찬찬히 흐르는 물을 보자,
석양도 태양인 줄 왜? 모를까

(2014.6.26)

밤 바다

어둠속 바닷 바람이,
어둠속 바닷 내음이,
영혼을 초절정으로 내몰고
어둠속 바다 별 눈부심이
환희의 끝으로 내몰고
어둠속 바다와 홀로 함이
황홀 깊이 내 던지게 한다

아! 이를 어쩌나
한잔 술에 뜨겁고
바다 비릿 향기에 취해
어디 벗이 없어 서럽구나

희미하게 일렁이는
은빛파도에 걸터앉아
한 소절만큼
사랑 하고자 한다.

(2014.6.1)

언제, 어떤, 첫사랑인가요?

언제나 오늘이 첫사랑
만나면 첫사랑
날마다, 만나고 헤어져
망각에 싸인 안개 등에 업힌 첫사랑,
무섭다하여
간직하지 못하고
늙은 머릿결로 겨우 찾은
세월의 첫사랑
어지러운 갈등으로
장미울타리 빙빙돌며,
좋은 듯, 싫은 듯 넘지 못한 첫사랑
세월에 진 빚 많으니
어디 나설 수 있으랴
좋을 듯, 말 듯하다가
들켜온 첫사랑
아직도 잔잔한 떨림에
책상 깊은 곳에 숨겨 놓은
이야기가 있으니
찾지 못한 주인이 있어
한참 지난 후에
곰팡이 책장속에서도

또 숨긴다

이제라도 말할까? 말까?
가슴을 내밀까? 말까?
에둘러 큰 기침에
오히려 가을 석양이 화낸다

아! 때 늦은 시간에
감추어 놓은 속내 꺼내
서울한번 가시지요.

(2014.5.30)

사랑해보셨나요

떨림, 슬픈 그림자에 숨어
흥분, 가벼운 느티나무 아래서
슬픔, 쓰다만 일기장에 얼굴 묻고
기다림, 초저녁 공원벤치에서
이별, 여기서 끝일거라고...

그런 사랑해보셨나요
오늘 다시
흑백영상으로 보세요.

(2014.5.16)

우리 순이

우리 순이 어디 갔니?
너무 빨리 지나와버린 종착지
지친 영혼은 찢어지고
때때로 벌어지는 살풀이 퇴마놀이는
흔한 골목길 풍경이 되었다
우리 순이 찾아라
먼지는 창틀에 숨고
비난은 제도에 숨고
지친 육신들 또 현장에 내몰리고
정서적 감정 흩어지고
또, 쓰러진다
영혼 다스릴 기운까지도
앗아가 버린 도시
너무 멀리 와 버린
도시 무질서 습관
되돌아 갈 방법을 찾지 못한다

우리 순이야!
정녕 이 세상을 하직했단 말이냐!
티끌 한 조각 한 조각
뒷 걸음질 치더라도

영혼의 감성을 일깨우는
초록 그림을 그리게 어디에 있니?
난 말이야!
아직도
우리 순이를 찾고 있다
어지럽다
도시 골목, 골목에서
벌어지는 정신과 의사들의 굿판이
아직도 영혼을 팔고 있다

우리 순이 영혼을 찾으러 왔어요.

(2014.5.16)

바람세상

이리 저리 꽃술을 타고
슬그머니 내민
옷자락에 숨어
햇살과 마주하니
아지랑이요
칭얼대는 소리에
귀 기울이니
흑막의 배후가 있어
어지럽도다
간간히 빠져드는 사랑에
혼돈의 회오리바람 쏟아지니
철학이 없는지라
슬프도다
지 마음대로 돌아다닌 바람에
시러운 손
어머니 젖가슴에 대니
놀란 세상이도다
햇살은 트이고
바람 옷깃 흔들리니
유리창 밖 꽃밭 더욱
가여웁도다

유리창 너머 햇살 좋도다
지나가는 사람들
총총걸음 옷깃 세우는도다
보이지 않은 바람에…

(2014.5.16)

봄의 향연

아이가 놀러 나온
아지랑이 손 놀이터에
잠깨어 나는 나비들 춤사위에
세월의 깊이가
화려하게 나오고
꿈꾸듯 가슴에 놓인
봄 꽃 나들이에
처음 바라보는
승냥이 눈동자처럼
예쁘구나

꽃 소리에
가득 채워진 향기가
골목에서 나오고
내 살아가는 곳에
움직임이 부드럽구나
언제나처럼
손에서 아지랑이 흐르고
조그만 몸짓에서
사랑이 나오고
흔적으로 남는구나.

(2014.5.1)

늙어가는 것이 나이만은 아니었구나

어제 보았던 데칼코마니
오늘 뭐라더라? 정적 동질감!
어제 만졌던 감촉
오늘 더듬으니
느낌이 뭐더라? 동적 순간!
같은 공간에서 호흡하여도
번뜩이는 센스에
또, 한발 늦었구나
이 나이에 남긴 것은
남루한 향기인가

아직도
나무에 붙어 우는
한 여름밤의 매미인가
정신없이 내달리다
밤새 의자 옆에
기대여 우는 귀뚜라미인가
이렇듯
어둠이 오면
유난히 서글퍼짐은
누구의 모습인가?

화려한
멋은 저만치 가고
감았던 눈동자는
촛불 가까이에서
일기장 추억을 본다
왜?
아침에 일찍 일어나니
세포의 행렬은 지쳐가며
춘향이 맵씨도, 유혹도
눈물로 떠나 보내는구나.

(2014.4.4)

권좌

태양 몰이로
휘저은 쇠말뚝
눈물은 대기권 밖으로
쓸려 나오며
순간 권좌가 폐기처분 된다
뭐가 그리 급했던지
눈은 회색이요
귀는 이명에 티끌에 매몰되어
주저앉아 질주하는 도다
앞이 없구나
높고도 멀게
찬 가슴에
촛불달고
가로 세로 명확하게
어린아이 젖 빠는 모습이
무지개 사이에 있고
촌노의 미소가
쓰러져가는 초가집 앉아
너무 빠르구나
너무 짧구나
천천히, 길게

자리털고 일어서
하늘 태양 돌고, 돌고
기다리는 세월인데
참지 않으니 죽이고
기다리니
이미 쓰러져 있고
더욱이 급행열차 브레이크는 파열되어
사람들 발자국까지
휩쓸어 가는구나.

(2014.3.22)

어지럽구나

생각이 짧구나
머리가 비었구나
그 안에서
고통이, 눈물이 드러누워
칼바람 맞는구나

노점상 할머니 거친 손 빼앗는
버러지 하수인들
자꾸 인간성 말소 할 궁리 찾다가
전표 찢어주고
서랍에 매몰된 돈 꺼내들고
줄까 말까
나한테 잘 보여라 우롱하고
죽어가는구나
죽어가는구나
사는 곳 어디서든 죽어가는구나

짧게, 빨리 질주로 도배하고
상식, 합리성은
오른손 힘으로 움켜지고
언제까지 그러할진데....

너희가 참 진리라고?
어리석다 어리석어!
그 자리 떠날 때 눈물없다
세상 멀어진
관조가
순간 회복되어야 인간이 되는데…
머리가 짧구나
생각이 없구나
그럼 내려와라
세상을
사람들에게 돌려주라.

(2014.3.14)

공간잠적

에라! 모르겠다
아! 복잡하다
으! 머리 아프다
푸념이 날마다 방문하고
어젯밤 술 냄새 서성이고
부딪히며, 무시하며
분해하며, 물러서며
내재하는 마음에
숨소리 크게
머물러 있지 못하고
차라리 간다, 간다
떠난다, 떠난다
한발 두발 뒤로
조금 높게
슬그머니 자리 이동한다
나 혼자
뒹굴어도
마음써도
하릴 없는 것!
지금 잠시 넋 잃고
차라리

첫사랑 향기를 찾아가자
잠시 드러누운
풀향기 능선으로 가자.

(2014.3.14)

내가 세상을 논할 수 있나?

고난도, 아픔도
성공으로 치장한 것도 없고
잘난 것도
내세울 것도
바람 앞에 티끌인데
꼬마인형
뒹굴어 아파도
엄마없어 울지 않고
꽃단장 봄 담벽
무너져 서 있어
쓰다듬으니
굵은 눈물 바쁜 걸음에
쏟는다

이게 오늘이고
내일이구나
한발 앞 웅덩이
위태로워 질 수밖에 없는 날,
희미한
눈동자 앞 세상

세월과 사랑 - 8015

나는 아무것도 몰라
단지, 불확실성만 알뿐!

(2014.3.6)

어둠의 시

콘크리트 건물
회색빛이
전등불에 반사되어
햇살을 먹고
세상을 먹고
사연을 토해낸다
최소한 싸움은 없다

검은 그림자
움직이는 속도
보이지 않고
억새풀 날리는 바람에
보이지 않고
살아 있는 모든 것
서로 달랜다

아! 얼마나 기다렸던
움직임인가
변해가는 세상
너무나 빨리 질주하는

그런 세상 그대로
멈추었다가 깬다.

(2014.2.27)

꽃의 서정

밤새 진통 겪다가
눈 뜨니
세상과 마주하고
햇살로 밥을 먹고
색깔 곱구나

이른 아침
이슬도, 서리도 그리고
눈도 아닌
찬 공기의 침범에
입술바람으로
두꺼운 껍질
내려 놓는다

사랑해! 사랑해! 하며
산수유 그림자 따라
아름답게
길가에 내린다.

(2014.2.27)

묵언

소리향연에 유혹되어
춤추다가
경솔한 몸짓 수렁에서
허우적거린다

허무한 뒤끝에
겨우 안정 되찾으니
옛날 선인 말씀이
'그렇구나' 하도다

조용히 가부좌 틀고
처마 물방울
고요 깨트리는 듯
그렇게 듣고
일어서고 하는도다

오랜 시간
축제향연 듣고
오랜 시간
울분 굉음 내질러
후회 하는도다

말 없다. 눈으로 글 읽고
손으로 그림 그리고
말없이 그대로 있어라.

(2014.2.21)

여기, 저기

꽃도, 사람도,
바람도 다르니
향기도, 사랑도,
기다림도 수긍한다
환상에 넋을 두고
떠나온 자들의
헐거워진 바지 뒷단이
땅에 녹아 난다

저고리
적삼을 조인 나는!
수틀린 이방인과
슬픈 합창한다.

(July27,2015)

오늘

선을 그어야 하는
관념에
나를 두고 다닌다
내가, 내가 아니듯
정신 줄 놓고
사막 한 가운데 땅을
날마다 파고 있다.

(July7,2015)

호수 옆 이야기

비늘 닮은 물결이
햇살로 덧칠하고
초행길 나서는
아저씨 신발은 바쁘기만 하다
어디 빈자리 없나
망가진 벤치 끝에 자리 잡고
하늘 한번
물결 한번
입맞춤하는 연인 한번
곁눈질하기 바쁘다
멀고 긴 물결에
숨겨놓은 속삭임을
꺼내본다.

(July23,2015)

땅

넓은 땅
비틀거릴 것도 없이
화려하게 기록된
역사가 없이
그냥 숨소리 내는 것들의
거리였다
하나, 둘씩 발자국 소리 들리고
동전 구르는 소리
지폐 날리는 소리에
산소공급은 줄어들고
거리에 누워있는
아기 청솔다람쥐는
눈을 비비고 있다.

(July23,2015)

저 노을을 보며 누군가를 그리워한다

삶의 모퉁이에서
커피 한잔을 그리워하며
살짝 비스듬히
저 노을을 바라보고 있다

과거를 거슬러 흐르는
호수 저편에
한 컷의 흑백사진
이야기를 듣는다

어제와 같은 오늘
석양아래 눈부신 물결에
아직도
넣고 싶은 이야기가 있다.

(July23,2015)

미국 땅

흘러들어 온 흔적
짧은 발자국에
오랜 세월을 그리워한
석성이 있어
역사가 흐르고 있구나

사람이 스치고 간
짧은 순간에도
가을 잠자리는
오늘도
숨통트인 땅에
자리잡고 앉았다

내 너의 유산을
넓고 긴
긴 호흡으로 듣는다.

(July23, 2015)

난, 네가 나인 게 싫다

솔뿌리
참! 질기게
바윗돌 사이에 붙었네
천년 세월동안
비바람이 넘나드는 골목길에
그렇게 위세를 떨치고 있네

하찮은 땅 개미들의
비 막이인 주제에...

자기가 저 인줄도 모르면서..

(Jun.17.2015)

바다아침

넓은 시야로
편안한 공간이
자리잡고
태양 탯줄인
햇살이 피부에 닿으니
도시광란의
붉은 반점이
떠나가고 있다.

(2015.6.18)

대양에 지다

하찮게 눈동자 굴리며
모두가 수평선 점령군 되었다

돛단배 위에 서서
노를 저으며
바다를 침범하고 있다

예약표 하나로
태양아래 한 점 속
꿈틀거리는 동력선은
명멸하는 수평선에
기대고 있을 뿐이다.

(June17,2015)

그네

숨어 지내다가
봄이 되니
조금씩 흔들린다

아이들 발자국
이리 저리 흙 밟고
웅성웅성
다리, 팔 뻗어
하늘 난다

끊임없이 흔들리는 깃발아래
웃음과 눈물이
보일 듯, 말 듯 하며
떠나가네요

365일 기다리네요.

(2014.6.28)

수평선 앞날

파도 너머
앞에도 뒤에도
미궁에 빠진
수수께끼 풀 듯
앞에도 뒤에도
일자로 정렬하여
점쟁이 신수놀이에
가두어 알 수 없어요

시야는 한계에 부딪히고
마음으로 통찰하기에 너무 좁아
시간의 능선을 넘나들 때마다
수수께끼 해답에
가까이 가도록 한다.

(June18,2015)

반추

돌아보니
참! 어설프고
서투르게 살았도다
내가 아니었듯
남이 살 듯 하였으니
아직도
나인 듯, 아닌 듯하다

(July13,2015)

키 웨스트 꿈

노인이 들어 올린
섬바다는
포말에 말려들고
그렇게 애쓴
물고기 비늘이
은빛으로 하늘과 닿는다

멀리서, 멀리서 보았건만
맴도는 소용돌이는
그 자리이다

늙어 가매
쥔 손을 포기하며
세월 속 포구에
닻을 내린다.

(June17,2015)

노인과 바다

세상과 등지고 싶었을 뿐,
바다를 앞에 두고
상념의 낚시대를 드리고 싶었을 뿐,

하루하루가 가니
상습적 삶이 다시 요동을 치니
저 먼 바다 끝에 던져 놓은
미끼에 속절없이 속으며,
마지막까지 세워놓은
침묵의 돛대는 부서지고 말았다

그래도
욕망의 끝을 붙잡고 절절이 오며
마침내 뼈만 남아있어
허허로움에 내려놓으니
"Key west"의 유산은
섬 노인들의 몫이 되었다.

(June18,2015)

[Epilogue－타인의 서]

청림 글모음－그 두 번째 발간에 부쳐

__ 박문서 교수(호원대학교)

평소 보아온 청림은 눈과 귀와 마음을 모두 열어 놓고 다닌다. 그런 그에게 스마트폰이라는 훌륭한 시작(詩作) 도구가 하나 주어지고, 열린 눈으로 열린 마음으로 보고 듣고 느끼는 많은 것들을 실시간으로 담을 수 있게 되었으니 그야말로 물고기가 물 만난 것과 다름없으리라. 더욱이 스마트폰은 버튼 하나로 청림의 시를 여러 독자들에게 자동으로 날라다 주니 독자들도 청림과 같은 시간대에 같은 느낌으로 시를 읽게 되는 셈이다.

나 역시 연구 중이거나 술좌석 중, 아니면 육체노동 중이라도 때와 장소를 가리지 않고 청림의 시를 받는다. 물론 내가 우울할 때 읽는 시도 있고 기분 좋을 때 읽는 시도 있지만 청림과 동 시간으로 시상을 느낀다는 생각에 반가이 청림 시를 맞이하는 버릇이 한 가지 생긴 것이다. 특히나 친구들과의 술좌석에서라면 청림의 시를 그 자리에서 낭송하여 버리고 좌중을 즐겁게 한다. 아마도 청림을 알고 있는 많은 사람들이 나와 같으리라. 청림의 시는 갓 구어 낸 빵을 먹는 기분이며 출출할 때 갓 삶아내어 먹는 감자나 고구마와 같은 맛이다. 실시간으로 담은 시상을 따끈따끈하게 전달해 주니 그야말로 금상첨화의 성어는 바로 이때에 어울리는 표현이리라.

소설과 같은 다른 문예작품들은 그렇지 못할지라도 시와 노래는 사람들의 감성을 자극하여 사람을 행복하게 만드는 하나의 방편으로서의 역할을 수행해야 한다고 늘 생각해 왔다. 청림의 시 한 수를 음미하면서 내가 얻는 행복감, 그리고 마음의 안정을 함께 얻을 수 있게 되고, 그러한 감성을 또 다른 사람들에게 전달하여 그들 역시 행복해지게 만들 수 있다면 청림의 시는 시를 쓰는 본연의 소임을 다하는 셈이다. 물론 여기에서 시작 활동의 목적성을 논하려는 의도는 전혀 없음을 전제하고 하는 말이다. 결국 청림의 시와 행복과의 함수관계는 분명히 성립하며 그래서 청림 시를 자랑하고 싶은 것이다.

청림의 시는 아이들로부터 어른에 이르는, 즉 유년시절부터 현재의 중장년과 노년시절을 아우르며 시간을 종단하듯이 뭇사람들의 아픔과 슬픔을 인생의 행복감으로 자극한다. 또한 청림의 시는 KTX 고속열차 속에서 그려내고 SNS를 통해 날려 보냄으로써 디지털시대의 '스피드'함을 내재하고 있다. '느림의 미학'을 강조하지만 광속의 시대를 살아가는 우리로서는 어쩔 수 없이 스피드 시대의 감각을 유지해야 하는데 현실 감각을 일깨워 주는 청림 시의 역할도 중요하지 않을까? 특히 이번 두 번째 시집은 미국에서의 안식년 동안에 경험한 감성을 담았으니 공간적으로 동서를 횡단하면서 태어나는 셈이고, 따라서 인생의 경륜을 보다 폭넓게, 보다 다양하게 좀 더 잘 녹여내었으리라 확신한다.

청림의 두 번째 시집 「세월과 사랑-8015」는 청림의 고향 진도가 목격한 그 아픈 세월을 지구 반대편 키웨스트에서 조명해 본 것임에 틀림없을 것이다. 그래서인지 시집에는 개똥이의 아픔도

지면 곳곳에 배어 있고 순이의 슬픈 눈망울도 아른거린다. '세월'의 아픔과 슬픔은 다시 엉클샘의 미소로 희석되거나 고독을 묻어버리고는 사랑으로 피어나기를 기대한다. 모든 이의 아픔과 슬픔이 사랑으로 승화되어 부지불식간에 행복해지리라 믿으면서 언제나 그렇듯 사회과학도의 눈으로 청림의 시를 읽고 추천사에 갈음한다.

2015년 10월
광복 70주년을 맞이한 해 시월의 맑은 가을날

나는 그가 있어 행복합니다

__ 조지환 사장(해동정보통신(주), 진도해오름펜션)

바다와 마주하고, 산과 들을 마주하고, 저 하늘의 아름다운 구름이 유영하는 것을 바라보며, 바다에 떠가는 돛단배의 고요한 흐름을 느끼며, 그리고 사람과 풍습과 함께 어우리며 살아가는 사람들에게는 글이 곧 문학이요, 글씨나 그림이 예술작품이 되며, 흥얼거리는 콧노래가 바로 훌륭한 음악이 되는 그런 세상 속에서 살아가는 곳이 어찌 환상의 섬이라 하지 않겠습니까?

이러한 자연환경에서 터득한 지혜로 마음을 자유자재로 움직이며 글로써 노래하는 이제홍 교수는 서남해양성 문화권 진도의 한 작은 마을에서 태어났습니다. 그는 어릴적부터 대자연의 현상들 속에서 삶의 애환을 보고 자란 성장기가 있었기에 소탈하고 진솔된 본인의 성품만큼이나 시의 소재나 구성이 아주 쉽고 소박하여 읽는 이에게 시적 의미를 쉽게 전달합니다.

그는 일상의 소소한 체험과정에서 얻어지는 시적 상상력의 전개와 이를 통해 삶의 의미를 포착하는 시선이 남다릅니다.

이제홍 교수와 저와는 같은 동향이며, 1970년대 말 경, 멀고도 먼 광주광역시에 있는 동신고등학교로 유학하여 동문수학한 친구이며, 지나가다 배고프고, 술 한잔하고 싶으면 단축키 하나로 만나 밤새 이야기하며 세상을 동행하는 친구입니다. 나는 그가 있어 행복합니다.

그가 가지고 있는 탁월한 시적 재능과 소질의 밭을 잘 경작하여

곡간이 가득 찬 결실이 이루어지는 시집을 출간하게 됨을 진심으로 축하합니다. 그리고 태양같은 뜨거운 가슴과 활화산 같은 열정의 소유자 이제홍 교수에게 다시 한번 박수와 격려를 보냅니다.

2015년 10월

진도 앞바다에서 해가 뜨고 짐을 바라보며

겨울에 핀 꽃이 흔들림 없는 향기를 낸다

__ 김종식 대표이사(엠 · 에스 라이팅)

생각을 하고 이를 문자와 말로 표현하는 것은 축복이다. 특히 문자로 모든 이에게 감정과 이성을 전달하는 것은 축복 중의 최고이다. 문자의 황제라 할 수 있는 시를 써 시집을 내는 것은 그 개인의 영혼이 위로받을 수 있는 가치이기도 하고 정신적 승리를 주기도 한다. 이번에 이제홍 교수가 시집을 내는 것이 처음은 아니지만, 인생의 성숙함을 표현하는 120여 편의 시를 상재해 "세월사랑-8015: 앞바다에서 Key West까지" 제하의 시집을 출판하는 것은 그동안 이제홍 교수의 어릴적 삶과 청년기 · 장년기를 거친 후의 본인만의 세계와 사상을 갈고 닦은 언어와 순수한 영혼으로 여기에 가득 담고 있다.

비록 그는 무역학과 교수지만 그의 가슴 속 한 켠에는 동심 속 시골 골목길에 피어나는 개나리, 진달래, 코스모스 등이 어우러져 있는 것을 우리들의 마음에 전달해주는 그의 고향 진도 청년처럼 문학도일 것 같다. 그의 시에는 슬픔도 있고 부모님에 대한 그리움과 부족한 애정도 담겨 있다. 특히 그의 노래는 시적으로 가히 폭발적이다.

여기 모아놓은 시들에는 그가 지향하는 인생이 담겨져 있다. 그는 사물과 사람, 동물들을 너무도 자연스럽게 대하는 순수하고 영혼이 착한 사람이다

나는 이제홍 교수와 1980년 대학 때 만나 지금까지 세월과 함

께 살아오며, 고통을 나누며 젊은 시절을 지내왔으며, 장년에 접어든 지금도 오고가는 길목 위에서 그립거든 소주와 어묵국물을 나누며 사회에 나타난 일들을 둘만의 비밀스런 이야기로 나누며 살아간다.

나는 이제홍 교수와 35년을 친구로 살아오면서 한 번도 내 마음에 상처를 준적이 없는 든든한 사람이다. 그것은 나뿐만 아니라 그 어느 누구에게도 행복과 기쁨을 주고 살았을 것이다. 출발이 좋아도 과정은 어려울 수 있고, 결과는 출발보다 좋을 수 있다.

이제홍 교수와 나와는 그동안 변한 것이 있다면 각자의 가정을 꾸리며 훌륭한 가장으로서 역할을 하고 있다는 것이다. 가장은 외롭지만 외롭다는 표현이 없고, 슬프지만 슬프다는 표정짓지 않으며 항상 개똥이 아버지처럼 산다는 것이다. 이제홍 교수의 시 내용 중 '개똥이 아버지'를 읽어보면 더욱 가슴에 와 닿는다. 그리고 우리는 지식에 굶주렸던 시절에 살아왔고, 어려운 생활고를 이겨내며 살아왔던 시절의 친구관계는 1000년 고도의 축성보다도 더 견고하게 쌓아온 관계이다. 이제홍 교수의 '친구'라는 시에서 친구의 정의를 잘 나타내고 있다.

아무 때나 눈물 보이고/ 아무 때나 웃어 보이는/
진달래 꽃 향기/ 주머니에 넣고/ 선술집 근처에 어슬렁거린다/
주검 재단에/ 막걸리 잔을 가까이 두고/ 응고제로 비석을 세우고/
쭉 둘러 앉아/ 같이 죽고, 같이 묻히고/ 말없이/ 흩어졌다가/
다시 만나자 했다
……
…후략…

.......(1987.3 시)

격동의 시절 80년대 뜨거운 청춘을 거치면서 벌써 우리는 우리 아버지와 닮아버린 개똥이 아버지가 되어버렸다. 이제홍 교수는 과거에서 현재에 이르기까지 우리들 곁에 있는 이야기를 가감없이, 꾸밈없이 시적으로 표현하고 있다.

이 시집을 발간하는 것을 다시 한번 축하하면서, 이제홍 시의 영혼이 사람들의 가슴으로 스며들어 세상 사람들의 영혼에 맑은 세상을 보여 주었으면 한다.

2015년 11월

양재천에 흐르는 물길을 따라가며 가을하늘이 높다는 것을 안다

내 인생여정의 데칼코마니 이제홍

— 유승균 교수(동국대학교 강의초빙)

이제홍 교수님!

나에게 있어서 선배님이라 해야 더 어울릴 법한 호칭이다.

이제홍 선배님의 삶은 언제나 한결같습니다. 남산을 지키며 서 있는 소나무 같은 모습이지요. 어떤 때는 봄꽃처럼 유약하고, 어떤 때는 세월을 타고 도는 강물처럼 쉼없이, 유연하게 걷는 모습을 볼 수 있습니다. 주변의 변화에 의연하며, 누구에게나 자연스러운 당당함을 잃지 않아요. 우연을 가장한 마주침에도, 뜬금없는 소식에도 늘 웃음 가득한 여유로 쉼터를 내어줍니다.

밤이 되면, 언듯언듯 보내는 시들은 어떤 때는 친구 같고, 어떤 때는 연인 같은 내용이지만, 또 어떤 때는 문자가 되어버린 성자 같은 생각이 들 때가 있습니다. 상큼하게 톡 쏘는 소주 같다가도 은근하게 휘감아도는 막걸리로 변해 저를 취하게 하지요. 이제는 밤에 찾아오는 문자들에 중독되어 한동안 오지 않으면, 영혼의 금단현상이 발생하기도 합니다.

나는 물론이거니와 모든 후배들이 옆에서 닮고 싶어 하는 소망이 있어 데칼코마니 연습을 자주 합니다. 그저 따라하는 것만으로도 알 수 없는 뿌듯함이 가득합니다. 강의시간 학생들에게도 들려주었던, 자주 되새기며 낭독하는 “길의 선택”은 학문이라는 길을 선택한 후배들에게는 많은 의미를 부여한 글입니다.

"아니오"라고 하지 못하고/ "예!"/ "그렇습니다"/ "맞습니다" 하며 갔던 길이/ 어디 기쁨만 있었겠느냐 만은/ 나는 그 길을 갔었지요 싫든, 좋든 가야했던 그 길은/ 어느 누구도 가지 않았던 길이었지요/ 홀로 길은 내며/ 발자국 흔적을 남기며 갔지요/

……

…중략…

.....

다시 새 길을 내며/ 낯선 길을 떠나야겠어요/ 길은 멈추어 선 나그네에게는/ 길을 내주지 않아요/ 끊임없이 걸어가는 사람들의 몫이거든요.

바람결에 일렁이는 나뭇가지라도 언제나 하늘을 향해 뻗어나가는 것처럼 한결같은 마음으로 삶의 발자취를 남기며 걷고 있는 이제홍 교수님, 아니 이제홍 선배님의 새로운 시집발간에 저도 한 글귀로서 에필로그에 동참하고자 합니다.

〈내가 보내는 글〉
흰 눈 소복이 쌓이는 새벽녘
감히 밟지 못하고 바라보는 동네어귀의 모퉁이를
한 걸음 한 걸음 성큼 걸어가는 나그네를 본 적이 있다.

무소의 뿔처럼 어디라도 거침없이
맨 얼굴로, 버선발로 뛰쳐나가 맞이하고 싶은 글이 있다.

마치 가을바람에 이는 나뭇잎의 수줍은 일렁임처럼

눈동자에 맞닿은 글자들의 춤사위가 한없이 사랑스럽다.

2015년 10월

남산 소나무와 함께 가을을 맞이하며

[아이들 공간]

봄

__ (이지윤 : 2014.10.31)

Carroll McMath Middle School 7th Grade in Denton, Texas U.S.A.

파란 하늘에 구름 꽃
파란 땅에는
알록달록 꽃
파란 스케치 북엔
봄 풍경이
살짝 나와
꽃 봉우리 내밀고 있네.

시냇물

__(이소윤 : 2014.10.31)

Sam Houston Elementary School 3th Grade in Denton, Texas U.S.A.

흐르는 물가
붕어 떼가 지느러미 흔든다
친구들과 어울려
물풀 속에 놀고 있다
시냇물 아래
붕어 떼가
지느러미 손을 흔든다
나도
붕어 떼에게 손을 흔든다
붕어 떼와 함께
신나게 달려간다.

잠

__ (이소윤 : 2014.10.31)

저녁에는
오지 않고
아침에는 온다.

솜사탕

__ (이소윤 : 2014.12.29)

솜사탕을 먹으면
입에서 사르르
후후 불면
구멍이 송송송 뚫린다
하트, 별, 세모, 네모,
동그라미 어떤 모양이 좋을까?
맛있는 솜사탕

구름 한 점

__ (이소윤 : September 13,2015)

많은 구름이
지나간 뒤
구름 한 점이
남았다

그 구름은 작지만
큰새가
날고 있는 것 같이 아름답다
조금씩, 조금씩 작아지고
조금씩, 조금씩
멀리 떠나간다.

세월과 사랑 - 8015

2016년 1월 20일 1판 1쇄 인쇄
2016년 1월 25일 1판 1쇄 발행

저 자 | 이제홍
발행인 | 이수영
발행처 | 도서출판 청람
서울시 마포구 독막로 288(대흥동, 세양상가 109호)
전 화 | 02)3272-2601(대)~2
팩 스 | 02)3272~2603
이메일 | crbooks@hanmail.net
홈페이지 | http://www.crbooks.co.kr
등 록 | 2000. 8. 26 제6-0509호

ISBN 978-89-5972-492-5 03810 [정가 12,000원]